民国才子张乃燕

宋路霞
张文嘉
著

教育家
化学家
书画家
外交官

上海科学技术文献出版社

图书在版编目（CIP）数据

民国才子张乃燕/宋路霞·张文嘉著．－上海：
上海科学技术文献出版社，2011.1
ISBN 978-7-5439-4561-6

I．①民…　II．①宋…　②张…　III．①张乃燕（1894～1958）—
传记　IV．①K826.13

中国版本图书馆CIP数据核字(2010)第223134号

责任编辑　陈宁宁
封面设计　俞　琤

民国才子张乃燕
宋路霞·张文嘉　著
*
上海科学技术文献出版社出版发行
（上海市长乐路746号　邮政编码 200040）
全国新华书店经销
上海潮祺实业有限公司印刷
*
开本787×1092　1/16　印张15　字数170 000
2011年1月第1版　2011年1月第1次印刷
ISBN 978-7-5439-4561-6
定价：35.00元
http://www.sstlp.com

序　言 1

葛剑雄

我出生在浙江吴兴县南浔镇（今属湖州市南浔区），那是一个盛产传奇人物的地方。但到我十二岁离开家乡时，这些人物给我的印象，只是老人们在茶余饭后留给我们的或真或假的故事和似是而非的传说。其实，对市井平民来说，镇上顶级的名人不啻天上神仙，谁也不知道他们的真面目，何况他们的主要活动场所并不在故乡，而是在上海、杭州、南京，甚至在国外。不过，有几点我至今记忆犹新，如老人说张静江家的钱花不完，都给了孙中山；张静江是蒋介石把兄弟，蒋介石常到张家去；张家的小姐像法国人一样，长得漂亮，说一口洋话。虽然镇上的巨富有“四象八牛”，虽然“四象”之一的庞家拥有的庞滋德药店与我家一墙之隔，但我听到最多的还是张家。

在我从事历史地理研究之后，对南浔以往这些名人才逐渐有所了解。近年来偶涉徽商、晋商兴衰的原因，又注意到了家乡南浔这些名人。无论是徽商还是晋商，或者其他商帮，以至今天的企业家，无不以儒商为荣，甚至以儒商自居。但稍加分析就不难看出，真正够得上儒商的人只是凤毛麟角，而绝大多数成功的商人都是先商而儒，即在发财致富后才以各种手段戴上一顶儒的帽子，或者披上一身儒服或官

南浔古镇

服。而其中能得到儒界认可的人却屈指可数，至多只是在家谱或方志中留下一串虚衔，成为今天地方上的旅游资源。

但浔商却是不多的例外——“四象八牛”几乎个个称得上是儒商，并且在儒商两道都能令人刮目相看，经商可以积下数百上千万资产，业儒能够成为国内一流学者，有的还能走向世界。他们的后代更是人才辈出，教授、院士、校长、科学家、学者、外交官、收藏家、鉴定家，大多成为各界翘楚，学术泰斗。

这种现象看似偶然，其实有其必然。江南人文荟萃，有千年不绝的文脉；一向经济发达，商业基础深厚。南浔地近上海，得开放风气之先。这些家族有良好的家风和教育，并且能与时俱进。例如在教育子孙读书的同时，也要求他们学习外语，面向世界。可惜的是，旧中国不具备普遍发展这样一类新儒商的环境和条件，直到中国改革开放后才有可能。

宋路霞女士所著《民国才子张乃燕》所介绍的张乃燕博士就是其中一位杰出的代表，著名教育家、化学家、中央大学首任校长、外交官……不同的身分构成了他丰富多彩的传奇人生。

自然，比之名气更大的是他身后的庞大家族—民国元老张静江家族。一个半世纪以来，这个在中国江南和民国史上留下诸多传奇的海派大宅门，几乎就是一部民国史的浓缩。张乃燕是张静江的侄子，他的父亲张弁群是张静江的哥哥，开明绅士，同盟会会员，曾参加过孙中山先生领导的民主革命（张

张静江故居内院门楼

乃燕的父辈一半以上都是孙中山先生的追随者），还是一个极富传奇的环球旅行家，在一百多年前的晚清时代，在中国男人还拖着长辫子的时代，就已经自费周游世界了。

张乃燕是张家第三个周游世界的人，第二个是他的四叔张墨耕（张家企业张恒源盐公堂后期的掌门人）。与他的父辈不同的是，张乃燕是为了读书和考察世界战争而走向世界的。这在张家是个另类，在中国知识分子中也是一个另类。

张乃燕（字君谋，1894－1958）早年在湖州南浔正蒙学塾读书，中学时代就读杭州府中学堂、后在苏州东吴大学肄业。1912年加入中国国民党，1913年春天赴欧洲留学，先后在英国伯明罕大学、伦敦帝国理工大学、瑞士日内瓦大学研习化学，获硕士学位。1919年获日内瓦大学理学博士学位，同年冬天返国。

在他留学的第二年爆发了第一次世界大战，他在大战结束后的第二年返回中国，亲身经历了一战的全过程。大战刚一结束，他就迫不及待地穿梭于刚刚过火的战场，收集资料，拍摄照片，研究问题。以至于他以一个理学博士的身份，撰写出了世界第一部《世界大战全史》，后来又撰写了《世界大战史》（合著）、《罗马史》、《希腊史》等史学著作，不能不令人抚卷长叹！

回国后，张乃燕原本想从事化学工业，鉴于国内当时的条件无法施展其才能，乃转入教育界。1919 年冬在上海复旦大学教授物理学，1920 年至 1922 年任北京大学化学系教授，授课之余，撰成属于他本专业的《有机染料学》一书，并为北京大学化学系撰写教材《欧战中之军用化学》和《药用有机砒化物》，均由北京大学新知书社于 1921 年出版。

1922年冬天张乃燕因父亲病重，南返伺侯汤药。这期间，世界著名科学家、相对论发明者爱因斯坦博士来到上海。11月13日晚，湖州著名人士王一亭先生经蔡元培先生介绍，在家设宴招待爱因斯坦夫妇。张乃燕与王一亭先生是同乡，又精通英、法、德语，还是理学博士、大学教授，被请来参与了对爱因斯坦夫妇的接待。

1923年张乃燕当选浙江省教育会会长，1924年孙中山先生以大元帅名义出师北伐，任命张乃燕为广州大本营参议。1925年孙中山先生赴北京，任命张乃燕为顾问，张乃燕再次北上。不久中山先生逝世，张乃燕又回到上海，任上海光华大学教授，讲授科学史。1926年1月，张乃燕任广州国民政府参事、教育行政委员会委员，同年任国立中山大学工科学长。1927年春天，国民政府在南京成立，张乃燕被任命为江苏省政府委员兼教育厅厅长，7月被任命为国立中央大学校长。1932年1月调任建设委员会副委员长。1933年5月，出任驻比利时王国特命全权公使，1935年5月辞职回国。回国后，张乃燕厌倦官场恶习，不再出仕，隐居上海，学画山水，1958年夏天因脑溢血逝世，享年六十四岁。张乃燕著述甚多，除了已出版的著作，还有未刊稿《使西历聘纪详》及《安心室印集》等三部。

综述张乃燕博士的一生，我们看到了一位正直、执着、以天下为己任的民国知识分子可敬可爱的形象，或也可以看出，地域的、家族的传统和文化，在一个人成长过程中所发生的巨大影响。

宋路霞女士潜心研究近代人物，成果丰硕。近年留意南浔历史和文化，实在是家乡之幸。这本《民国才子张乃燕》资料翔实，文图并茂，脉络清晰，使张乃燕其人其事得以流传，使浔商现象和南浔历史文化广为人知。翻阅之余，不胜欣喜，非常乐意向读者推荐。

2009年7月

（作者是复旦大学图书馆馆长、中国历史地理研究所教授）

序 言2

张文嘉

我出生在二十世纪六十年代最混乱的年头——1966年，对我们南浔张 家的历史发生兴趣大约是在七八十年代。一般生活在那个时代的年轻人，对于民族历史和家族历史并不很关心，因为十年浩劫中，意识形态领域的很多东西都被人为地歪曲了，变形了，所谓“知识越多越反动”。

而我却越来越醉心于中国历史，包括我们南浔张家一个半世纪以来的家族史，越来越想弄清楚我的祖父张乃燕（字君谋，1894－1958）究竟是一个怎样的一个人。这首先要归功于我的父亲张泽琳（原澄衷中学校长），在我不很懂事的时候，就陆续地告诉我，我们的老家在上海西边的一片江南水乡，两个小时的车程即可到达，那里有我们的祖宅、祖坟；我的曾叔祖张静江是孙中山先生的密友，民国元老；曾祖张弁群也是老同盟会会员，一百年前就曾周游世界；我的祖父张乃燕曾任中国驻比利时公使、中央大学校长，写过很多著作，也曾周游世界……当时我就在想，周游世界是一种怎样的情况？他们看到了什么？带回来什么？他们为什么要周游世界？

在我十几岁的时候，“文革”结束了。渐渐地，过去被歪曲了的历史重新又纠正过来。我父亲就带上我，与我的姑婆张乃

张文嘉在祖居门前

庄（我祖父的妹妹、上海著名内科医生乐文照先生的夫人）常常到南浔去，与当时的镇党委书记朱倍得先生，讨论我们祖宅尊德堂的房子整修问题，还有在里面筹办张静江故居陈列馆等事宜。参与这一过程，我知道了更多的有关我们家族的故事，包括我的祖父张乃燕的事迹。然而，当尊德堂内张静江事迹图片展开幕之后，我发现其中主要内容是张静江的革命生涯和社会交往，而没有我祖父张乃燕的照片和事迹。这令我感到十分遗憾，同时萌发了一个心愿，我以后要为祖父出版一本书，让世人和族人重新认识他老人家。

2002年，一个偶然的机会，我在北京遇见胡星来先生，他是北京诚轩拍卖有限公司的顾问。他告诉我，拍卖会上有一柄王一亭赠予张石铭的成扇。经他指点，我买下此扇作为收藏家族书画历史的第一步。以后我开始注意寻觅和收藏流散在社会上、拍卖会有关的我们尊德堂的书画，特别是我祖父的书画。一旦有机会看到或打听到线索，总是想方设法买下来，如今已达一百五十多件。

有一天，我遇到钱币收藏家马传德先生，告诉我有位名叫宋路霞的作家正在写一本关于我们南浔张家的书，而且已经写了好几本十九至二十世纪中国豪门望族的著作，她在家族文化领域负有盛名。我便联系了宋老师，请她在完成手头

张乃燕之孙张文嘉在原中央大学旧址

张文嘉、赵洁夫妇在上海

的写作任务之后，与我一起写作关于我祖父的鲜为人知的故事。尽管宋老师案头的工作非常多，稿约应接不暇，她还是尽量安排时间着手此书的写作。宋老师认为，我祖父是个很有个性的知识分子，为中国的现代高等教育和世界史的研究作出了突出的贡献。

我和宋老师一起走访了许多我们张家的长辈和亲友，还曾去上海图书馆、上海档案馆、华东师范大学图书馆、上海社会科学院图书馆和卢湾区图书馆查阅档案文献资料，甚至到外地如南京大学、东南大学、苏州大学第一附属医院档案室、湖州市博物馆查阅资料，还去过有关地区的派出所和机关档案室，只要发现一点线索就穷追不舍，绝不马虎。经过多年的努力，这本书以翔实的资料和丰富的图片展示在世人面前，终于了却了我的一个心愿。

但愿这本书能对读者提供有用的信息，如有不当之处，欢迎大家批评指正。

2010年11月

（作者是张乃燕之孙）

张乃燕在上海延安西路旧居（现已拆）

张乃燕之子张泽琳一家

目录

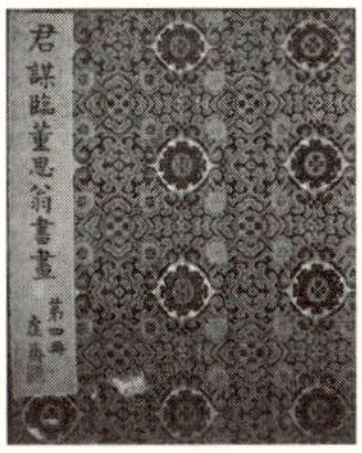
君謀臨董思翁書畫

张乃燕博士

第1章

一张老照片

爱因斯坦身边的张君谋

张乃燕（字君谋，1894 － 1958 ），是个久被遗忘了的名字。

近年来公布的一张老照片，唤醒了人们对他的记忆——显然，这不是一张普通的老照片，而是1922年11月爱因斯坦到上海时与朋友们的合影。照片上，爱因斯坦左后侧的一个高个子，就是张乃燕。(1)

由于张乃燕的字叫张君谋，与民国时期国社党的领袖张君劢仅一字之差，后来就有人把他误当成张君劢了，在纪念爱因斯坦诞辰一百周年时的权威文章中，也是这么说的。(2) 当人们发现这个错误时，已经是2006年了，距离张君谋去世已经四十八年过去了。互联网上立刻出现了这样的惊呼——原来1922年参与接待爱因斯坦的“不是大名鼎鼎的张君劢，而是现

著名书画家、实业家王一亭先生（前右二）在家中设宴欢迎远道而来的爱因斯坦夫妇（前右四、右六），后排左四是张乃燕博士

在鲜为人知的张君谋，即张乃燕！”

发现这个错误的，是《爱因斯坦在中国》（上海科技教育出版2006年）一书的作者、美国耶鲁大学博士胡大年先生。他在这部著作里详叙了中国接纳爱因斯坦及其相对论的历程，也记叙了爱因斯坦在赴日讲学过程中，两次路过上海的活动情况。在他引用的当时的报刊报道中，几次都提到了张君谋。

当年爱因斯坦在中国留下的唯一一张照片，也是胡大年先生在美国发现的，编排在他的《爱因斯坦在中国》一书的第一页，该书在“内容简介”中还特意说明了这一点。显然这是从爱因斯坦的后人手里找到的，因为照片上有王一亭先生把照片送给爱因斯坦夫妇的亲笔签名。现在保存这张照片原照的是爱因斯坦的后人Leo Baeck Institute 先生。

爱因斯坦此行主要是应日本有关方面的邀请前去讲学，在上海是路过、顺访（尽管蔡元培先生等中国教育界人士曾积极争取爱因斯坦在日本讲学之后，能到我国北京和南京讲学，但因种种原因未能成行），所以在沪时间很短。第一次是1922年11月13日，船到上海，活动一天后于第二天乘原船赴日。第二次是在日本讲学七周后，于12月31日回到上海，这次在上海呆了两天，于1月2日乘船离沪返回欧洲。他在上海两次短暂的活动，张乃燕

（上）民国日报 1922 年 11 月 14 日关于爱因斯坦博士到沪的报道
（下）民国日报1923年1月3日关于爱因斯坦二次过沪的报道

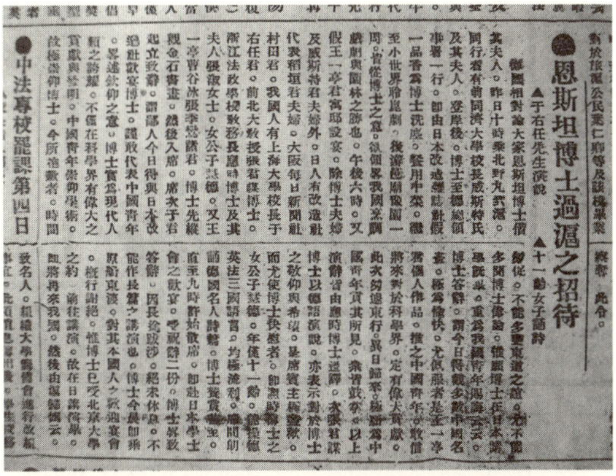
恩斯坦博士過滬之招待
中法專校罷課第四日

民國日報 中華民國十二年一月三日
恩斯坦博士二次過滬記

都参加了。

毕竟是国际科学大师（爱因斯坦在赴沪的轮船上，从广播中已经得知荣获了诺贝尔奖，到上海后，从瑞士领事馆总领事处接到了正式通知），爱因斯坦在沪的所有行踪报界都作了详细报道——他第一次来到上海这个充满活力的东方大都市，感觉很新鲜。11 月 13 日中午，他和夫人一行由日本改造杂志社的人陪同，先在一品香酒店用餐，又在小世界听昆曲，后到城隍庙和豫园游览，晚上就按蔡元培先生的推荐，来到王一亭先生家（即梓园，乔家路 113 号），出席中国传统式的欢迎家宴。(3)

当年王一亭先生经蔡元培先生介绍，成了设家宴招待爱因斯坦夫妇的东道主。张乃燕（君谋）与王一亭先生是同乡，他的叔叔张静江是民国元老，与王一亭是多年老友，还是同盟会中的革命战友，彼此间都知根知底。正值张乃燕从欧洲留学回来没几年，不仅精通英、法、德语，还是理学博士、大学教授，于是被请来参与对爱因斯坦夫妇的接待。当时张乃燕因为父亲病重，辞掉了北京大学的教职，正在上海照应家事。对于爱因斯坦的相对论学说，他比在场的前辈王一亭、于右任以及著名报人张季鸾、曹谷冰等要熟悉得多。

之所以选在王一亭先生家，是因为王宅的园林是一处两年前才建成的、典型的传统中国式园林，王一亭先生又是著名实业家、慈善家，还是著名收藏家、书画家，在他家不仅可以参观中国的传统家居，还可以欣赏到许多中国文化精品。所有这些安排，都是为了使爱因斯坦夫妇，领略中国历史悠久的书画、金石、烹调、和园林之胜。

宴会之前，爱因斯坦夫妇果真看到了王一亭先生收藏的许多中国名贵的金石书画，以及王一亭先生本人的书画作品，这令他大为赞叹。宴会上，上海大学校长于右任先生首先致欢迎辞（由王家的亲戚、浙江法政学校教务长应时博士翻译），然后张乃燕又用德文致欢迎辞，表示了他对博士的敬仰之情，还表达了中国学界希望听到博士在中国演讲的愿望。[4]

爱因斯坦作答辞说："今日得观多数中国名画，极为愉快，尤其佩服者是王一亭君个人作品。推之中国青年，敢信将来对于科学界，定有伟大贡献。此次匆遽东行，异日归来，极愿为中国青年贡献所见。"

宴会上还有应时博士的女儿、十一岁的应慧德小姐用德语表演欧美诗歌朗诵，这使爱因斯坦夫妇非常惊讶和兴奋。宴会到晚上九点钟结束，宾主均感非常尽兴。

关于这一次在上海的感受，爱因斯坦在接受记者采访时说："余第一次至东方，有许多惊异之闻见。此间理想的气候，澄清的空气，及南方天空灿烂之星斗，皆使余之头脑得一

王一亭的旧居——当年宴请爱因斯坦的梓园现在仍在（乔家路 113 号，"梓园"二字为吴昌硕先生所书），只是面目已全非

梓园一角

难以消灭之印象。此种印象，余将永不忘之。”[5]

1922年12月31日，爱因斯坦夫妇结束了日本之行再次来到上海，于1923年1月2日离沪前往耶路撒冷。尽管时间非常仓促，爱因斯坦还是于1923年元旦的傍晚，在上海租界工部局大礼堂举行了一次关于相对论的演讲，在会上回答了听众的各种问题，这是爱因斯坦在中国的惟一一次学术讲演和讨论。

这次会议是上海犹太青年会和一些在上海的西方学术研究会共同组织的，爱因斯坦用德文讲解，工部局的一个英国工程师将其翻译成英文。那天的会议总共有三四百听众，其中中国人只有四五人，张乃燕是其中一位。由于关于相对论的理论对于当时大多数听众来说，还是一个极其深奥、神秘的学术领域，所提出的问题未免有些幼稚可笑，所以爱因斯坦在日记中，把这次集会称为“一场充满愚蠢问题的滑稽戏”。[6]

但是张乃燕在会上向爱因斯坦提了一个相对论理论之外的问题："请问博士对于英国物理学家洛奇（O.J.LODGE）的灵学研究有何看法？"不知何故，爱因斯坦没有正面回答这个问题，只是用法语回答说："此事不可当真（ce n'est passerieux）"。(7)

或许张乃燕对于这样的回答并不感到十分满意。十二年后（1934年），当他再次来到德国，以中国驻比利时公使的身份进行国情和工业发展调查时，在一篇关于德国的长达近七万字的论述中，并没有回忆当年在上海的会见和提问，只是在论及犹太人中大量的优秀人才时，提到了一句爱因斯坦。

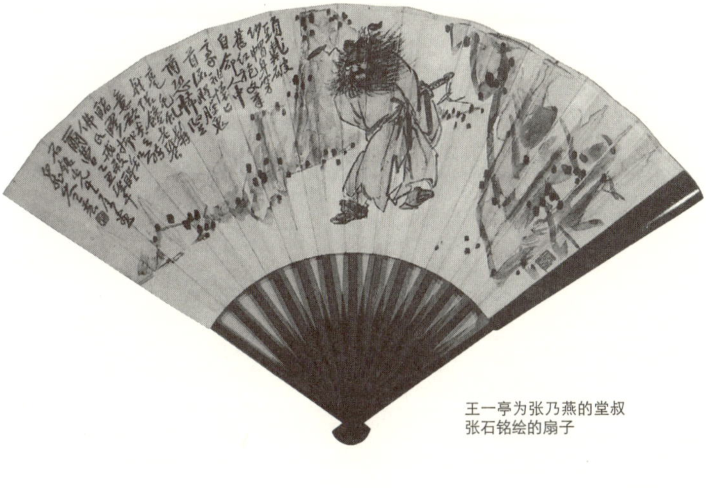

王一亭为张乃燕的堂叔
张石铭绘的扇子

注释：
（1）《爱因斯坦在中国》 胡大年 上海科技教育出版社 2006年
（2）"爱因斯坦在中国" 戴念祖 社会科学战线 1979年第2号
（3）《民国日报》1922、11、14
（4）《民国日报》1922、11、14
（5）《民国日报》1922、11、15
（6）《爱因斯坦在中国》 胡大年 上海科技教育出版社 2006年
（7）《民国日报》1923、1、3

张静江在故乡张家花园（东园）

第2章

南浔尊德堂

“奇人”成堆的海派大宅门

张乃燕的故乡，是距上海只有一个多小时车程的湖州南浔。

这个地方濒临太湖西岸，方圆不过百里，气候温湿，是著名的鱼米之乡，历史上还是中国优质蚕丝的生产基地。老城区如今依旧粉墙黛瓦，河道纵横，浆声伊乃，户户垂杨。故家旧族的高墙深院，精雕细琢，隔河相望。镇上至今不过才四万人，解放初只有一万两千人。

就这么个弹丸之地，因为有了举世闻名的优质蚕丝“辑里丝”，几百年前就不同凡响，引起了朝廷的注意。到了鸦片战争以后，上海开埠，出口红火，运输线大大缩短，就更加大红大紫起来，每年源源不断地向世界输出中国最好的生丝。

南浔蚕丝经济的发展，对百里之外的上海滩来说，使上海在当时的五口通商当中，成为最富活力的一个城市。中国因为有了南浔，就变得更加亮丽、鲜活、开放而富有魅力。所以有人说，湖州南浔，实为中国近代水上丝绸之路的源头啊！

于是南浔，逐步成了中国最富的一个小镇；南浔的富翁，就逐步成了江南最富的财主——诞生了“四象”、“八

（左）古镇南浔是太湖边的一颗明珠
（右）穿镇而过的浔溪，当年把满载丝包的小船直送大上海

美丽的张家花园（即东园），坐在藤椅上的是张静江

牛”、“七十二头小黄狗”。所谓“象”，是指家产达一千万两银的超级财主。所谓“牛”，是指家产五百万两的财主。要是家产有一百万两银，在别处可恭维百万富翁，而在南浔，只能屈居“小黄狗”。

张乃燕的曾祖父张颂贤（字竹斋，1817－1892），在那个江南农村从经济上“包围”城市的大潮中，神话般地创造了上千万元资产，成功地跃居“大象”的地位，成为南浔“四象”之一。(1)

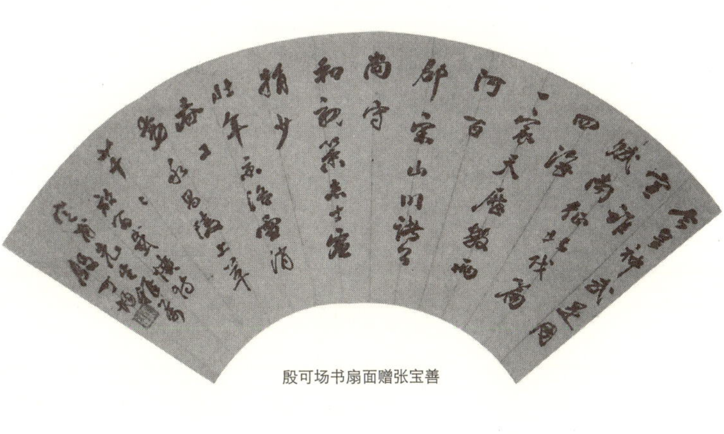

殷可场书扇面赠张宝善

（上）张家的列祖列宗，前二排右是张乃燕的曾祖父张颂贤
（下）张乃燕的祖母、庞云鐳的女儿、张弁群的母亲庞太夫人

张家在张颂贤的曾祖父张振先、祖父张秀升时代，还只是个以弹棉花为生的小手工业者。到了张颂贤的父亲张维岳时代，才开始做些小本经营，但也只是开个小糕团店、小酱盐店之类。或许在这期间，张颂贤凭他的聪明才智，已经在协助其父从事经营了，逐渐积累了经商的经验，这为他后来的崛起，准备了技术上的条件。现在人们来到南浔镇，可以清楚地看到，张家的墙头足有四丈高，比镇上任何人家的墙都高。

步入南浔镇的东大街过桥向东，在邻近明清古建筑群“百间楼”的东边，也就是千百年来南浔人摇着木帆船，把辑里丝从家门口运到上海的黄金水道——浔溪河边，即可看见张乃燕家的老宅——大门门楣上刻着民国元老陈立夫书写的“张静江故居”的字样，现在作为张静江故居对游客开放。即张家东号的老宅（其实也是张家在南浔的祖宅）——尊德堂，现为浙江省重点文物保护单位。

这个地方是张家留在南浔的又一处大宅院（另外还有懿德堂和张家祠堂，其中懿德堂现为全国重点文物保护单位），展出了大量的张静江从事国民革命和家庭生活的珍贵照片。人们基本上可以从这些照片和资料上，看到一个江南富家子弟，如何走向沿海、走向海外、走向国民革命的生活轨迹。

庞太夫人（右）与两个儿媳妇：中坐者是张弁群的夫人（即张乃燕的母亲）蒋汝芝；左边是张静江的元配夫人姚蕙

同时也可以看到，中国旧民主主义革命的种子，如何在中国这块最富庶的地区生发、开花、结果的。

初进尊德堂，感觉好象跟一般的江南豪宅没有什么很大的差别——幽深阴暗的正厅里高敞肃穆，红木桌椅被抹得锃亮，墙上挂着嵌有天然大理石图案的红木挂屏，堂上正中高悬着甲午状元张謇题写的匾额“尊德堂”，下面是一副中堂和对联，两侧有大红灯笼高高挂。正厅的后面是第二进，那是一处二层的住宅楼，三开间，中间底层是会客厅，两边有厢房，门窗上均刻有雕花；再后面是第三进，也是二层三开间的住宅

张乃燕的祖父张宝善与继室夫人及小儿子

楼，底层的中间也是客堂间，中间的天井并不很宽敞。张乃燕就出生在第二进楼上中间的一间卧室里，他生于1894年阴历八月十八，正是钱塘江潮水汹涌上涨的日子，因此小名叫潮宝。(2)

与众不同的是，尊德堂正厅上挂的是一副孙中山先生为张静江书写的对联："满堂花醉三千客，一剑霜寒四十州"。聊聊数字，既概括了张家的气势、地位和影响，也道出了张静江侠客般的个性和对于国民革命不可替代的贡献。

关于张静江先生的历史功绩，以及孙中山先生誉其为"民国奇人"等，国内知识界已经很熟悉了。其实南浔张家的"奇人"远不止张静江一个，他们家一连好几代人都不同凡响。

除了前两代人张颂贤、张宝善创造了千万富翁的神话以外，张静江的哥哥张弁群（字增熙，1875－1922）"奇事"也不少——他二十五岁时就周游世界了，在美国华盛顿时还以一介平民之身，前去拜访了当时的美国总统麦金莱，直到1901年冬天才回国。第二年（1902年），张静江就是在哥哥张弁群的影响下，踏上了赴法经商的旅途，开始闯荡世界。至于在海外

（左）上海黄浦江边码头上，等待装船外运的丝包
（右）张家酱园里堆积如山的酱缸

张充仁笔下的张家花园（东园）

遇到了孙中山，并以在法国经商的盈利，大把大把地掏出来赞助国民革命等等，都是在此以后的事情。

张静江的三弟张淡如（字增鉴，1882－1960）的"奇事"也不少，最著名的是他对中国围棋的贡献。他是沪上有名的大老板，一生投资过几十项企业，还参与创办了上海政券交易所。他的钞票也有一个很不错的去处，就是在二三十年代，支撑了中国围棋的半壁江山——他是举世公认的围棋大家，出色的围棋研究和组织者，在围棋界有"北段（段祺瑞）南张（张淡如）"之誉。他不仅本人下围棋，收藏古代著

张乃燕的祖父张宝善七十大寿时合家欢（在上海赫德路寓所），中坐者是张宝善，后排左十三是张乃燕

名棋谱，出资出版著名棋谱，创办上海围棋研究会，还长期资助了一群棋艺超强的“棋痴”（在他的公司里挂个名，实际并不干活儿，领干薪，目的是让他们专心研究棋艺），经常把日本的围棋高手请来，在家里上演“中日围棋大战”，所有费用全由他包。全中国的围棋高手，当时不是往段家跑，就是往张家跑。1926年，他就被日本围棋界授予围棋三段。

张静江的四弟张墨耕（字增翰，1884－1964），也是一位在二十世纪初周游世界的名士。

至于张静江的侄子张乃燕，又是一个不同凡响的人。他是张家尊德堂的长房长孙，继承了其父的文人秉性，在教育和学术上潜心钻研，作出过突出贡献，是张氏家族中著书最多的一个人，也是张氏家族中学历最高的人。他一生经历了晚清、民国、抗战、解放四个历史时期，游踪遍及世界各地，学术上涉猎化学、历史、军事、绘画、书法各科，还当过外交官

（左）张家祖宅砖雕门楼
（右）张家祖宅尊德堂正厅

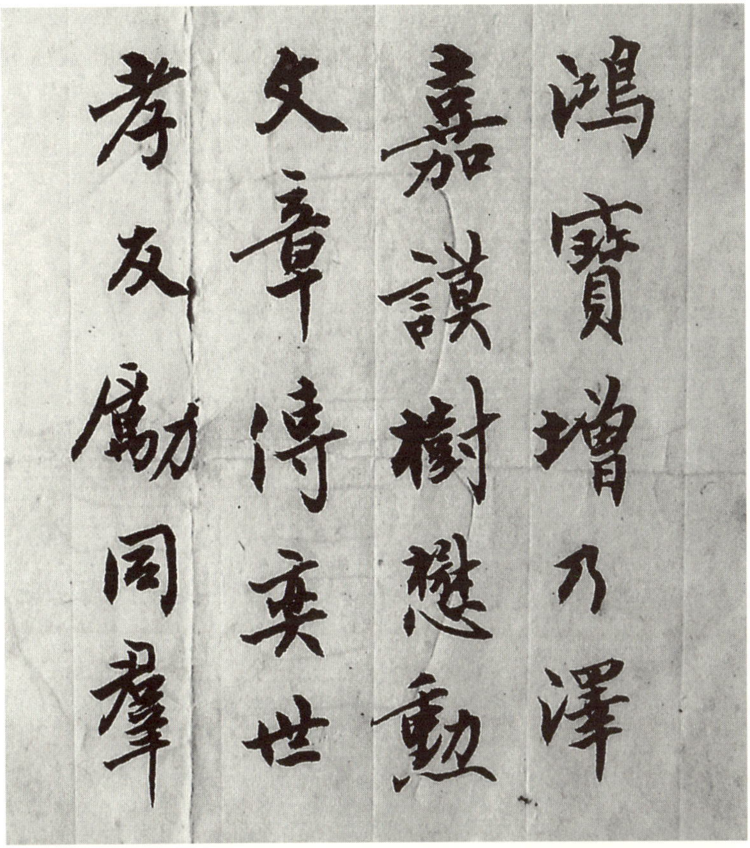
鴻寶增乃澤
嘉謨樹懋勳
文章傳奕世
孝友勵同羣

张家尊德堂谱系字号（张乃燕手书）

和民国政府里的教育官员，是位经历丰富、多才多艺、有责任心的文理复合型学者。

人家在国外留学，若碰上兵荒马乱，赶紧回家，躲都来不及。而他不仅不躲避，还专爱往战区跑，乐于在那些冒烟的战争废墟中穿梭。他一生涉猎面很广，是著名化学专家、理学博士，却写出了厚厚的《世界大战史》、《世界大战全史》、《罗马史》、《希腊史》……他是中央大学的创办人、第一任校长。人家还以为他是个书呆子，其实他为官聪明得很，样样事情公开，讲究透明化，还敢于跟教育部长在报纸上开笔战！

张乃燕的少年时代是在南浔张家的老宅院里度过的，先

孙中山任命张乃燕为广东大元帅府参议的手谕

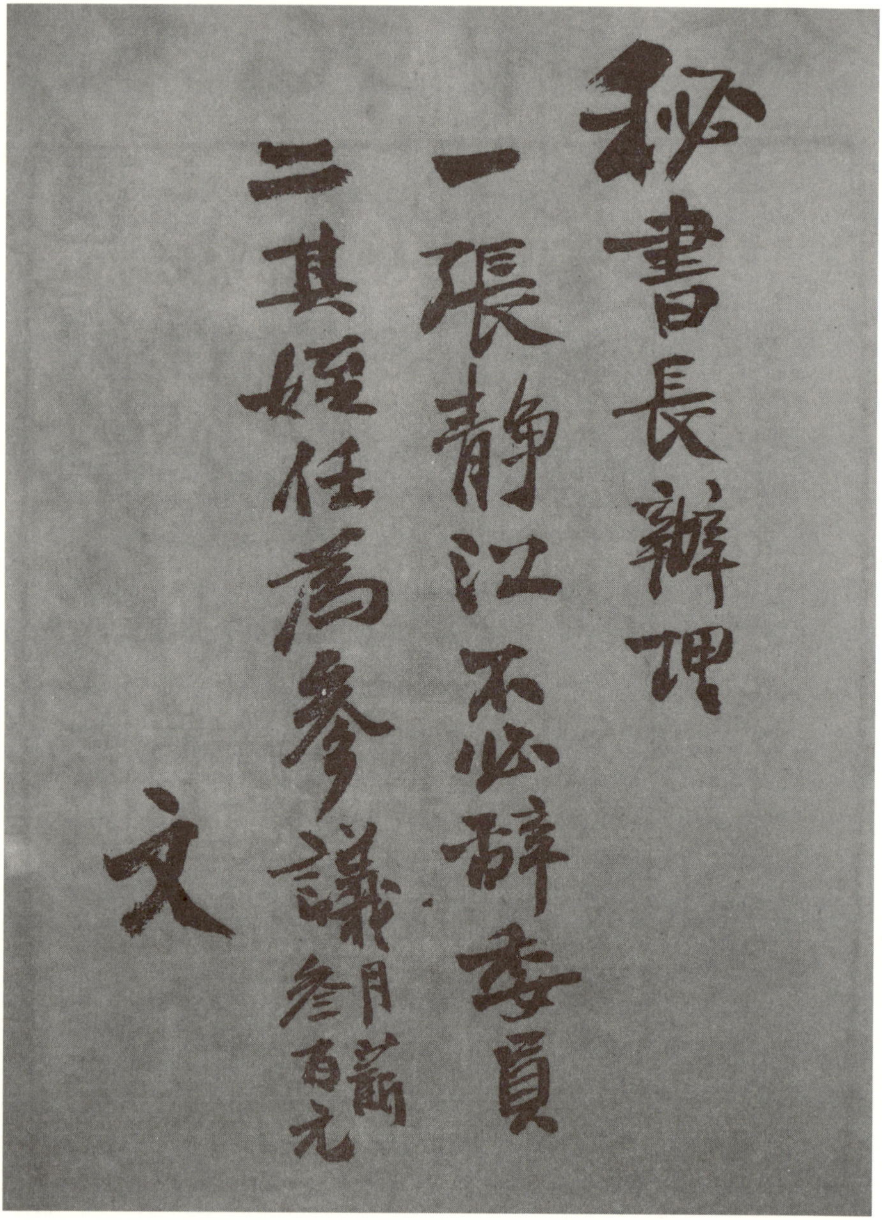
秘書長辦理
一張靜江不必辭委員
二其姪任為參議
月薪叁百元
文

后就读正蒙学社及浔溪公学，与朱家骅、叶楚沧是同学，后入杭州府中学堂接受了中等教育，毕业后进苏州东吴大学攻读化学。他十八岁就加入了国民党，在二叔张静江的影响下，曾在孙中山先生手下担任参议，十九岁赴欧洲留学。(3) 华洋交融的生活经历，使他的一生格外绚丽多彩。

当年张家老宅院里的生活，充满了中西合璧的综合气息，既有佛堂、藏书室、麻将桌，也有电话、水塔、台球桌。他们家早就安装了电话，而且是自成系统的，全宅院所有的厅堂和房间都有电话，所以无论是老宅、新宅还是洋楼，相隔虽远，呼应起来却很方便。水塔也是自家的水塔，供全尊德堂内所有的水龙头用水。台球桌则设在后院的一座房间里，与牌桌共存一室，一中一西，各取所需。(4)

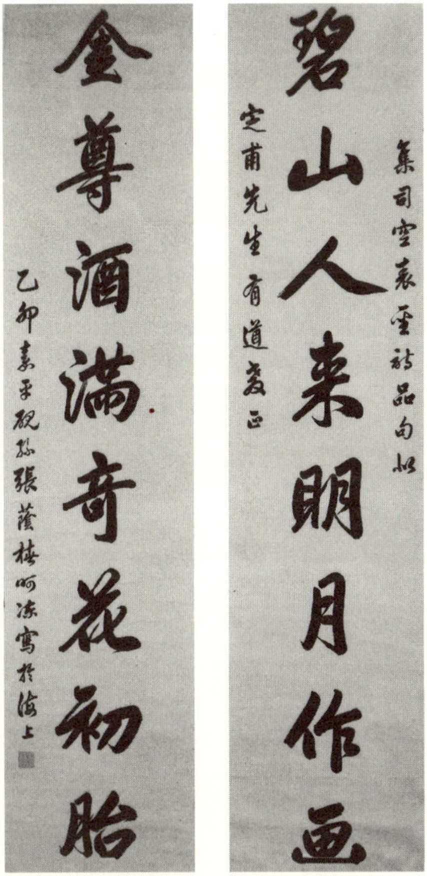
张荫椿赠张宝善对联

然而人们现在看到的尊德堂远不是当年的尊德堂，目前的尊德堂大概只是当年的十分之一。当年这处大宅院，共有四个部分：三进老宅院、三进新宅院、后院和带荷花池的大花园（亦称东园或张园，又称绿绕山庄）。现在人们看到的只是当初三进老宅院的主体部分，而绝大部分的建筑和花园在历史的烟云中已经化为乌有，有的仅仅留下了遗迹。

注释：

（1）《南浔镇志》 朱倍得主编 上海科学技术文献出版社 1995年

（2）宋路霞采访笔迹 2008年8月 宋路霞、张文嘉访问张乃燕的表弟、年已95岁的刘许万先生（刘许万先生是上海文史馆馆员、昆曲专家。他的父亲刘承幹与张乃燕的母亲蒋汝芝，是表兄妹）

（3）《南浔镇志》 朱倍得主编 上海科学技术文献出版社 1995年

（4）《读<丝>随笔》 张乃凤 知识产权出版社 2005年

张家祖孙三代人：张颂贤（居中）、张静江（右一）、张弁群（右二）、张宝善（左一）、张淡如（左二）

第3章

父亲张弁群

一百多年前周游世界

张乃燕的父亲张弁群（名增熙，号槎客，1875－1922）是南浔尊德堂老太爷张宝善的长子。他一生做过很多好事，但是有一个令人咂舌的壮举却鲜为人知——二十五岁的时候周游世界，还觐见了当时的美国总统麦金莱！这件事最初源于他的眼病，说来话长，笔者费了不少的气力才弄清了原委。

或许是受家族经济生活的影响，张弁群起初对科举并不很在意。他虽自幼好学，读书不倦，但参加考试却很迟，直到二十一岁才去参加童子试（即考秀才），一般乡镇少年十三四岁就去应考了。或许是他“命”中根本就没有科举这回事，上了考场，前几场都很顺利，名列前茅，但到最后一场竟突发眼疾，什么都看不清了，只好半途而废。此后为治眼病他辗转各方，到处求医，但均未能奏效，致使左眼几乎失明。(1)

这时他的一个好朋友为他出了一个主意——到美国去医治。

这位好朋友不是别人，正是美国基督教监理会派到中

张弁群（前左二）与苏州博习医院的创办人柏乐文（前右二）等合影

国的著名传教士、苏州博习医院的院长、创办人柏乐文博士（W•H• Park，1858－1927）。柏乐文认为他患的是虹膜风湿症，在国内难以治愈，须到美国开刀。恰好伯乐文将要回国休假，他表示如果张弁群愿意，他乐意带他一起前往美国，并为之介绍名医医治。(2)

张弁群与柏乐文是多年的好朋友，对他不远万里来到中国办医院，为穷人看病不收钱，而且极力反对鸦片输入中国，积极设法引导烟民戒烟……凡此种种，都非常欣赏，而且在适当的时候还慷慨解囊，予以捐助。这使柏乐文非常感动，为张家人治病也是不遗余力的。

张弁群的眼力不错，这位洋大夫柏乐文的确不是庸碌之辈，而是一位老资格的、把中国当成第二故乡的传教士。他早在1882年就来华行医并传教了，在中国生活了四十五年，来华的第二年就在苏州创办了当地第一家正式的西医医院，即著名的博习医院（现苏州大学附属第一医院的前身）。他先后带来了当时美国最新的医疗技术和设备（消毒法、麻醉术、X光机等），出任该院的第一任院长，在二十世纪初还与林乐知创办了东吴大学，在江南地区很有名望。他还是坚决要求根除鸦片烟的实干家。(3)

那时基督教会认为，在行医的同时传教是最有效的传教办法，把病人的病治好了，病人多半也就信教了。湖州南浔，正在他们基督教监理会传教的范围之内，柏乐文常去行医并传教，于是，不仅与张弁群，他与张弁群的父亲张宝善及南浔的名流庞莱臣、刘锦藻等都成了好朋友。

苏州博习医院（现在苏州大学第一附属医院前身）的创办人、传教士柏乐文博士

张弁群常去看病的苏州博习医院

有趣的是，张家人有了病去找洋大夫看，从南浔到苏州不过一天水路，而信仰上却仍旧坚信佛教，几代人均是如此。至于身为博习医院院长的柏乐文，倒也很开通，信不信基督教由你们，只要你们帮助我建医院，帮我成就医疗事业，能更好地为病人治病，彼此之间就都很快活。柏乐文作为博习医院的院长，江南著名的传教士，之所以愿意陪张弁群赴美就医，与张家的多次对博习医院的巨额捐献不无关系。

据现存苏州大学第一附属医院档案室的档案资料记载，张宝善、张弁群都与博习医院有着密切的联系，的确对该院有过多次捐助。

1917年，博习医院的院长柏乐文六十岁了，该院为表彰他的功绩，为其印制了一本精美的纪念册（即《博习医院成绩记——本院创办人柏君六秩大庆之纪念品》（下称《纪念册》）。现在翻开这本《纪念册》，觉得这本书的编辑人员实在是太聪明了，书中一方面详叙了柏乐文来华行医三十五年来的精神和业绩，同时把凡是帮助过柏乐文，也就是帮助过博习医院的中外赞助者，谁谁捐助多少钱，谁谁干过什么好事，都一一列得清清楚楚。尽管有些“醉翁之意不在酒”之嫌，但目的讲得很明白，也很坦诚，是希望得到大家更多的捐款，因为医院正在计划扩建，要建更大的住院大楼。这就为后人对于了解张弁群的为人处世，以及了解其他南浔富商的胸怀，保留了一份难得的真实材料。

属于张弁群的功劳，该《纪念册》一桩桩地一再提起。

如张弁群曾提议在博习医院里建一个戒烟所，把那些穷困潦倒的瘾君子收容进来，帮助他们戒烟。他首倡捐款一百两金，又去他的几个兄弟处募捐，他们也各捐一百金，然后又去动员他的朋友们掏钱，朋友们又是各捐出一百金，这样就把主要的款项凑齐了，博习医院只需略出资金就建成了。所以该《纪念册》在谈到这件事时说：“此屋之成，张君力也……在此戒烟所内断瘾者，奚止千百人！”并刊出了这栋戒烟所的照片。这份资料中还表明，仅1908年一年中，戒烟所就收治病人达一千二百十人，结果治愈的达一千零五十八人，可见其效果显著。

1900年，当张弁群的眼睛无法在国内治好时，他对柏乐文的建议发生了兴趣，觉得往美国走一趟，虽说有些冒险，但是一来可以治好眼病，二来可以借此机会周游列国，开阔眼

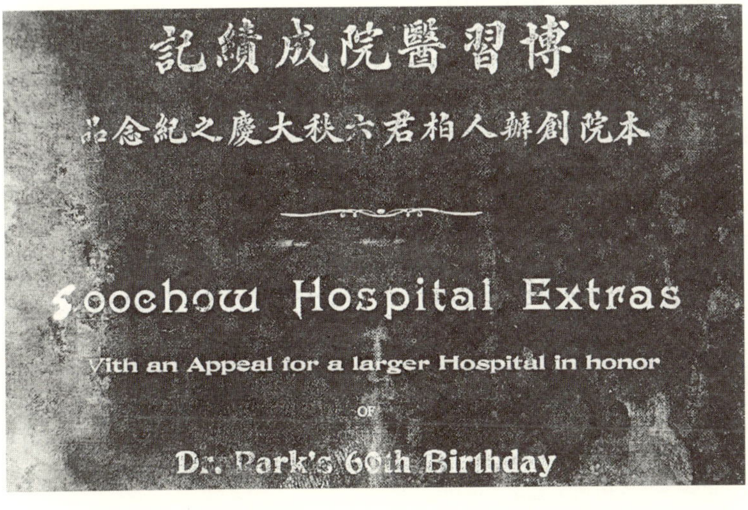
博習醫院成績記

本院創辦人柏君六秩大慶之紀念品

Soochow Hospital Extras

With an Appeal for a larger Hospital in honor

OF

Dr. Park's 60th Birthday

柏乐文六十寿辰纪念册（1917年）

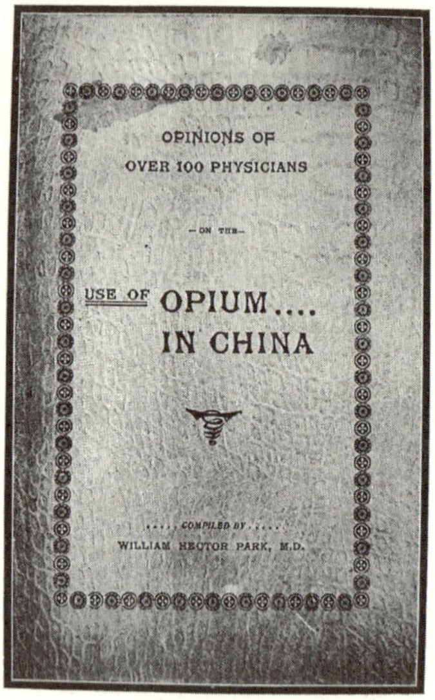

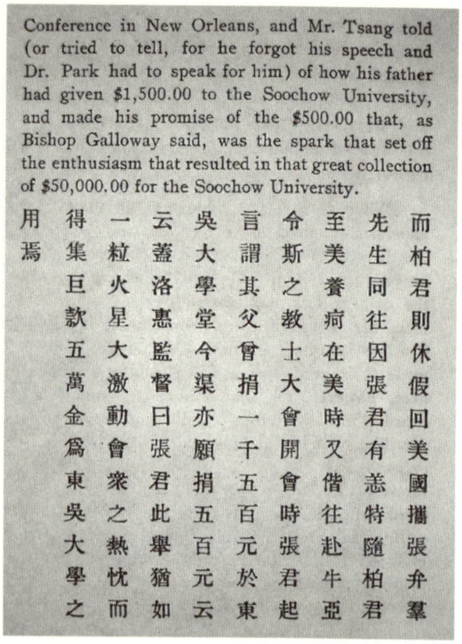
Conference in New Orleans, and Mr. Tsang told (or tried to tell, for he forgot his speech and Dr. Park had to speak for him) of how his father had given $1,500.00 to the Soochow University, and made his promise of the $500.00 that, as Bishop Galloway said, was the spark that set off the enthusiasm that resulted in that great collection of $50,000.00 for the Soochow University.

而柏君則休假回美國攜張弁羣先生同往因張君有恙特隨柏君至美養痾在美時又偕往赴牛亞令斯之教士大會開會時張君起言謂其父曾捐一千五百元於東吳大學堂今渠亦願捐五百元云云蓋洛惠監督曰張君此舉猶如一粒火星大激動會衆之熱忱而得集巨款五萬金爲東吳大學之用焉

（左）柏乐文的著作《鸦片对中国的害处》（英文版）
（右）张弁群为筹建东吴大学捐款五百金

界，增长阅历。在这之前，虽然张家跟上海洋行里的买办打过多年的交道，从事辑里丝出口贸易， 但是真正迈出国门，到国外去闯荡的人，还不曾有过。张家兄弟生来有一种冒险精神，决定了的事情，八头牛也拉不回。张弁群这个老大哥，率先向国外迈出了第一步。

这时柏乐文正好休假要回一趟美国。于是他们一起于1900年秋天动身，先在美国治病、游历了十个月，又去欧洲转了近半年，整个行程将近一年半。

在美国，由柏乐文介绍，经著名医生格留宁博士手术治疗，张弁群的眼病有所好转，但还是无法除根。于是格留宁博士又推荐他到奥地利，找名医甫克斯教授继续治疗，于是他们在十个月后又有了欧洲之行。[4]

关于他们在美国十个月间的活动情况，从现有的资料来看，除了治疗眼病，他们还另有重要使命。博习医院编印的《纪念册》中，描绘了一个有趣的场景——他们一起去参加一个位于牛亚令斯（New Orleans）的教士大会。

张弁群并不是基督教教徒，为什么要参加这样一个大会

张弁群倡议并捐建的戒除鸦片所

呢？原来他们要利用这个基督教教士会议，为正在筹备中的苏州东吴大学募捐。而且张弁群必须到场，他要和柏乐文在会上扮演“双簧”！

只见柏乐文在台上刚把上帝安排在远东的这所学校的重要意义和筹备情况讲完，话音刚落，张弁群就站了起来，说是目前筹建这样一座学校，无论对中国老百姓还是对美国教会，都是再重要不过了，他老父亲已经年迈多病，还为此捐献了一千五百元呢，现在本人也要捐献五百元！

张弁群的话很有鼓动性、煽动性，全场的人一下子被他的情绪感染了，激动了，纷纷解囊捐款。所以仅仅那一场会议就获捐款五万美金！

《纪念册》引用基督教会监督盖洛惠的话说：“张君此举，犹如一粒火星，大大激动了会众之热忱，而得集巨款五万金，为东吴大学之用焉。”五万美金，在一百多年前，是足可以造一栋非常漂亮的教学大楼的巨额费用。

该《纪念册》在叙及华人为筹建东吴大学早期捐款时还说：“华友之捐款在五百元以上者略述如左：苏州抚台聂仲

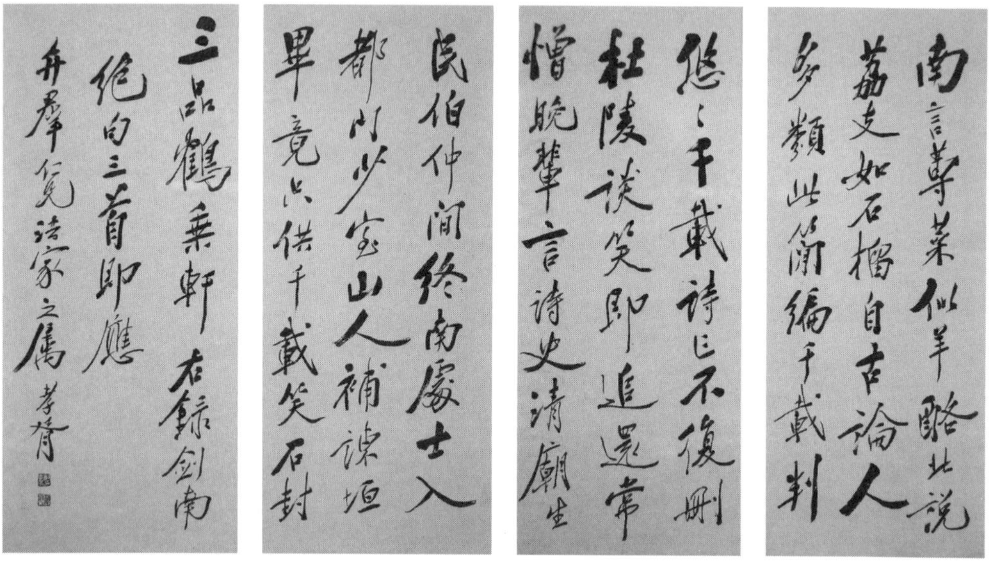

郑孝胥赠张弁群绝句三首

芳（即聂缉椝，1855－1911，曾国藩的女婿，1890年任苏松太道，1899年署理江苏巡抚——作者按）与其属僚捐三千三百元；南浔张定甫一千元；苏州朱竹生一千元；南浔庞莱臣一千元；又刘澄如（即南浔小莲庄刘镛之子刘锦藻——作者按）一千元；常熟孙道台一千元；南浔邱冰壶五百元；又有张弁群在美国之牛亚令司斯捐助五百元，亦南浔人也！”这个名单中张家父子就占了两位，他如庞莱臣、刘澄如、邱冰壶，都是南浔“四象”、“八牛”中人，可见南浔富商的胸怀，在近代文教事业上也是出过大力的。

他们在美国还有一件重要的使命，就是广泛地宣传、推广一本反对向中国输入鸦片的书。这本书是柏乐文1898年写的，书名《鸦片对于中国之害处》（《USE OF OPIUM IN CHINA》），这是柏乐文采访、收集了一百多位医生的意见而写成的，目的是要在中国禁止鸦片。写这本书的时候，柏乐文已经在中国生活了十五年了，在行医的过程中，深感鸦片给中国人带来沉重的灾难，所以在多种场合大声呼吁，西方各国应当禁止向中国输入鸦片，鸦片贸易是绝对缺乏人道主义的。(5)

但是他的呼吁遭到英国人，甚至是一些英国议员的反对，他们故意制造一种鸦片对人体有益的舆论，混淆是非，蛊惑人心。英国殖民主义者出于经济利益，甚至在一份英国皇家委员会的报告中宣称：鸦片不会对东方人造成特别的危害，而且对于东方人来说，鸦片甚至是一种好东西，因为鸦片能治愈他们的一些疾病，看起来特别符合他们的身心状况。针对这种情况，柏乐文出于正义和一个医生的职业良心，决意予以反击。《鸦片对于中国之害处》一书就是在这样的背景下出版的。书出版后，柏乐文通过种种渠道在英国全境和世界各大城市广为散发，以期获得舆论上的支持。

这次他和张弁群来到美国，任务之一，就是把这本书散发到美国全境。然而柏乐文是个派到中国的传教士医生，原先家境就贫寒，他缺少足够的旅行资金。

张弁群那年只有二十五岁，正是血气方刚的年纪，对于鸦片泛滥给中国人带来的灾难，有着切肤之痛。他和他的弟弟张静江一样，性格中充满了正直、仗义、路遇不平、拔刀相助的豪气。听说柏乐文为中国人做好事，缺少钱，他立马拍拍胸

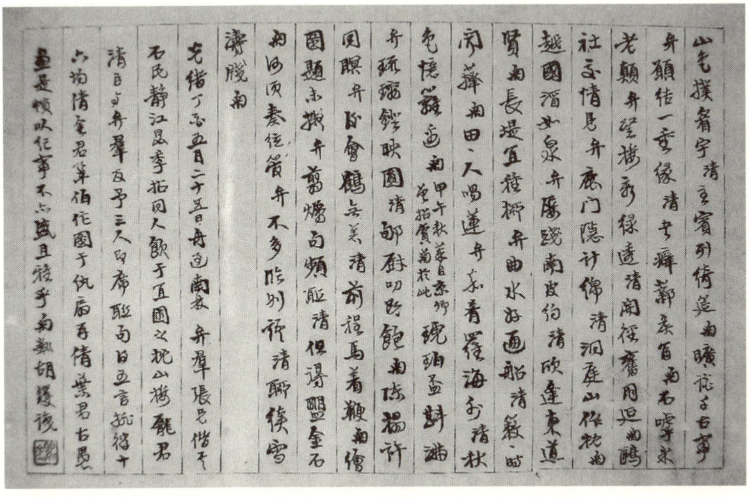

张弁群、胡钁等在南浔宜园枕山楼即席联句（局部）

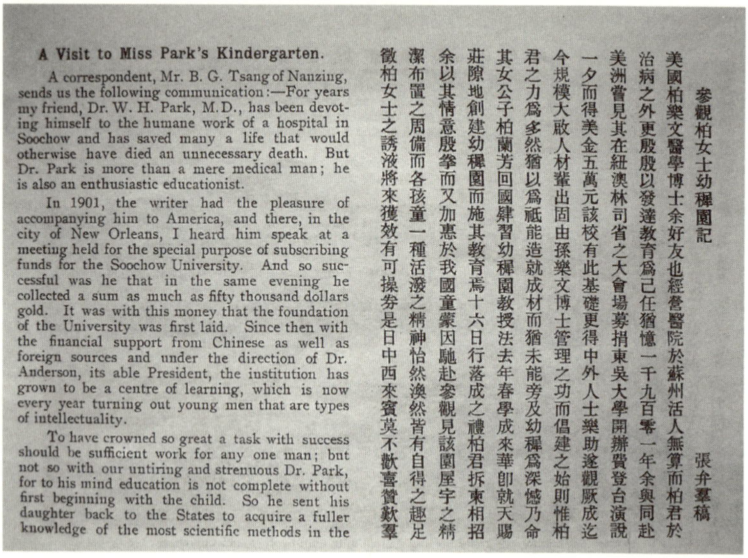

A Visit to Miss Park's Kindergarten.

A correspondent, Mr. B. G. Tsang of Nanzing, sends us the following communication:—For years my friend, Dr. W. H. Park, M.D., has been devoting himself to the humane work of a hospital in Soochow and has saved many a life that would otherwise have died an unnecessary death. But Dr. Park is more than a mere medical man; he is also an enthusiastic educationist.

In 1901, the writer had the pleasure of accompanying him to America, and there, in the city of New Orleans, I heard him speak at a meeting held for the special purpose of subscribing funds for the Soochow University. And so successful was he that in the same evening he collected a sum as much as fifty thousand dollars gold. It was with this money that the foundation of the University was first laid. Since then with the financial support from Chinese as well as foreign sources and under the direction of Dr. Anderson, its able President, the institution has grown to be a centre of learning, which is now every year turning out young men that are types of intellectuality.

To have crowned so great a task with success should be sufficient work for any one man; but not so with our untiring and strenuous Dr. Park, for to his mind education is not complete without first beginning with the child. So he sent his daughter back to the States to acquire a fuller knowledge of the most scientific methods in the

參觀柏女士幼穉園記

張弁羣稿

美國柏樂文醫學博士余好友也經營醫院於蘇州活人無算而柏君於治病之外更殷殷以發達教育爲己任猶憶一千九百零一年余與同赴美洲嘗見其在紐澳林司省之大會場募捐東吳大學開辦費登台演說一夕而得美金五萬元該校有此基礎更得中外人士樂助遂觀厥成迄今規模大啟人材輩出固由孫樂文博士管理之功而倡建之始則惟柏君之力爲多然猶以爲祗能造就成材而猶未能旁及幼穉爲深憾乃命其女公子柏蘭芳回國肄習幼穉園教授法去年春學成來華卽就天賜莊隙地創建幼穉園而施其教育焉十六日行落成之禮柏君拆柬相招余以其情意殷拳而又加惠於我國童蒙因馳赴參觀見該園屋宇之精潔布置之周備而各孩童一種活潑之精神怡然渙然皆有自得之趣足徵柏女士之誘液將來獲效有可操劵是日中西來賓莫不歡喜贊歎羣

张弁群遗文（首页）

脯：“不要紧，包在我身上！”所以在《纪念册》讲到这件事时说：“至于此书之得以畅销于美国境内，则南浔张弁群君颇有力焉！”

当这本书被译成汉语时，正好上海出了一个案子——有十一家鸦片商联名状告民国西报的主笔马素，因为他在报上公开反对并揭露鸦片贸易的罪恶，使鸦片商臭名昭著。公堂之上，马素聘请了一名律师，名佑尼干，他正是柏乐文的好朋友，而且新获一本柏乐文的《鸦片对于中国之害处》。他在辩词中充分利用了这本书中的实例，据理力争，终于战胜了狡猾的鸦片商，维护了正义。

柏乐文也是个胆大包天的人，做工作要从领导做起。他们一不做，二不休，把工作一直做进了美国总统府。

张弁群的儿子张乃燕在《使西历聘纪详》（1937年手稿本）中，引用了他父亲当年的日记，记下了两位热血沸腾的人去游说美国总统麦金莱的情况。

张乃燕写道：“先父环游世界一周，著有日记。其时国人环游世界者不常闻，若先父将其日记刊行问世，则裨补于国人之明了国际大势，当复不浅。即在今日，亦得持以比照往昔而知世界之进步，岂非绝佳之史料？不谓当时友朋中皆以先睹为快，转辗假借，全稿遂散失十之六七。余尚在髫龄，未知索还而保存之，可惜也！今读存稿，就其关于谒见美总统一事，录之如下：‘补华盛顿：偕柏君、周君往谒总统麦金莱君。总统宫室不甚大，有红房、绿房之分。红房一切陈饰皆红，绿房皆绿。先在待客室小坐，由阍者以名刺进，引入见，握手行礼寒暄。柏君首以劝禁鸦片入中国一事奉请，继余言此次战事（指八国联军侵入北京——作者按）幸蒙贵总统调和期间，致谢。但际此议和，仍肯鼎言。总统点首应曰：‘当尽我心，竭我力焉’。约一刻钟始作别。’斯时八国联军正蹂躏华北，且有倡议瓜分中国者。幸经美国斡旋，清廷签订辛丑条约以蒇事。先父谒美总统，尚在合约未订以前，故冀美国一言，以减轻我国之负担也……是时先父年二十五。”

这段话所传达的信息是非常有意思的——张弁群与柏乐文毫无官府背景，仅凭个人名片就设法“闯入”总统府且不论，他们与总统讨论的问题，除了柏乐文提出的禁止鸦片的问题外，还有张弁群提出的更为迫在眉睫的问题，就是中国正在遭受八国联军的蹂躏，中国需要美国站在公正的立场上，帮助中国摆脱目前的危机。张弁群绝对明白天下大事，他的话句句是当务之急。

当时李鸿章正作为清廷全权大臣，在北京与各国公使苦苦周旋，直到累得吐血而死。李中堂哪里想到，远在美国华盛顿还有一个与他并肩作战的人！张弁群作为一介平民，竟斗胆“自说自画”地从事民间“弱国外交”了，而且是直接与美国总统麦金莱对话！“天下兴亡，匹夫有责”。张家人天下为己任的责任心与气概，可见一斑。至于后来张静江献身革命，倾其所有赞助孙中山领导的国民革命，都不难理解了。

他们在美国访问了十余个省（州），又到欧洲访问了七八个国家。每到一国，总是咨询其国朝野名流，调查其庶民、富民，教民之政。一年多的海外生活，使张弁群开阔了眼界和胸襟，他亲眼看到列强国力如此强盛，教育如此发达，民心如此开朗，顿起救国之心。回国后，他决心亲身实践以教育和实业救国。

传教士柏乐文自然也有收获。除了获得了大笔捐款回来筹办东吴大学，在他们回国的第二年（1902年）又在南浔建起了一座基督教教堂（当地居民称耶稣教堂）。选址南西街泰安桥南首，后来在南栅麻皮兜又建了一座。这样，基督教在江南又多了两个“据点”。

张弁群回国以后，除了捐建医院、捐建学校，还帮柏乐文在苏州建起了一座幼儿园。《纪念册》中非常难得地保留了一篇张弁群写的文章《参观柏女士幼稚园记》，这可能是张弁群存世的唯一一篇文章。文中的柏女士是指柏乐文博士的女儿。这个幼儿园刚刚落成，柏乐文就邀请张弁群前去参观，并在开幕典礼上为之大作宣传，以求获得更多的支持。张弁群在文中说：

“美国柏乐文医学博士，余好友也。经营医院于苏州，活人无算。而柏君于治病之外，更殷殷以发达教育为己任。犹忆一千九百零一年，余与同赴美洲，尝见其在纽澳林司省之大会场，募捐东吴大学开办费，登台演说，一夕而得美金五万元。该校由此基础，更得中外人士乐助，遂观厥成。迄今规模大启，人才辈出，固由孙乐文博士管理之功，而倡建之始，则惟柏君之力为多。

然犹以为只能造就成才，而犹未能旁及幼稚为深憾。命其女公子柏兰芳，回国肄习幼稚园教授法。去年春学成来华，即就天赐庄隙地创建幼稚园，而施其教育焉。十六日行落成之礼，柏君拆柬相招。余以其情谊殷拳，而又加惠于我国童蒙，因驰赴参观，见该园屋宇之精洁，布置之周备，而各孩童一种活泼之精神，怡然涣然，皆有自得之趣，足徵柏女士之诱掖，将来或效，有可操券。

是日中西来宾莫不欢喜赞叹，群颂柏氏愿力之宏，为不可及至。余所最喜者，当孩童歌舞时，各执无色国旗，飘扬跳跃，尤足唤起爱国之心云。”

这个幼儿园叫培本幼稚园，是博习医院的院外事业之一，是柏乐文夫妇的创意，由美中各界人士捐款建造，由柏乐文的女儿执教并掌管。柏乐文显然是把张弁群引为知己了，在幼稚园开幕时，特地邀请他来参加，还把张弁群写的这篇观感，收入了他的六十岁寿辰纪念册。

吴昌硕为张宝善（定甫）六十寿庆绘祝寿图

张弁群的性格是帮人帮到底的，他见博习医院的医生医术高明，“活人无算”，但是医生的住宅都很简陋，于是带头捐款，为医生建宿舍。该《纪念册》中刊出了一帧当时柏乐文居住的小洋楼照片，照片的文字说明是：“本图为柏君住宅前面之露台，建筑费由南浔巨绅张、庞、李三氏所资助，时在1897年，为柏君募捐之嚆矢。数虽不甚多，然从此闻风乐助，如因本医院而东吴学堂、除烟会、幼稚园等，承诸友人解囊相助，源源不绝，迄今前后合计，所集捐款已达英洋四万元。”这里所讲的“南浔巨绅张、庞、李三氏”，张是张弁群家，庞是庞莱臣家，至于李家是谁家，尚待考证。

一年半的海外生活，使张弁群开阔了眼界和胸襟，他亲眼看到列强国力如此强盛，教育如此发达，民心如此开朗，顿起救国之心。他在法国又接触了维新主义志士，受新思想、新事物的影响，回国后立志以教育救国为己任，仿照国外学校的模式，一切从开启民智出发，在家乡创办新式学校。他还主张妇女解放，男女平等，于是又创办了女校，这在当地都是开风气之先的创举。

他回国的第二年年，才是他的弟弟张静江跟随驻法公使孙宝琦出国的那一年。

张弁群回国后他在家乡独立办过两所学校。一所叫正蒙学塾，是当地第一所新式学校。后来在民国政坛上很有名气的朱家骅、叶楚伧都曾在该校读过书，他的儿子张乃燕也是该校的学生。这个学校按照国外的教学体制，要求学生德智体美全面发展。校址就在张家老宅附近。他聘双林镇的曹砺金为主任，协理校务，聘彭周鼎为体育老师，按照国外的教学体制，要求学生德智体美全面发展。但是在晚清思想禁锢的时代，这只是个一厢情愿的教育实验。这个学校办了五年，终于敌不过晚清旧制的约束，因不符合当时的学制，于1906年被迫停办。张家的亲戚、华东师范大学古籍研究所的百岁教授周子美先生（名周延年，南浔周家的后代，与张静江的二女婿周延鼎为堂兄弟），谈到张弁群办这个学

湖州海岛堂（基督教堂）大门遗址

校时感慨万分："前后五年，斥资巨万"。(6)

但是张弁群没有罢休，后来他又仿照蔡元培办爱国女校的办法，在南浔创办了第一所女子学校——浔溪女校。他的革命倾向，在聘请教职员工上也体现出来。他聘当时的女革命家、浙江石门人徐自华为校长。时值同盟会会员秋瑾从日本回国，经蔡元培、褚辅成介绍，也到浔溪女校任教。秋瑾当然在校内宣传反清的革命思想，张弁群没有意见，但却招致一部分校董和学生家长的反对和排挤，仅教了一个学期即返回上海，校长徐自华也随之忿然辞职而去，学校也只能停办了。(7) 可知南浔（包括湖州地区）既是变革维新思潮很活跃的地方，也是个保守势力十分强大的地方，推行新学也是一场艰苦的革命。

张弁群有志于教育是出了名的，镇上凡是有志游学的青年，他总是乐于给予资助，有求必应。后来镇上浔溪书院改设高等小学，公推他当校长。这次是办公立学校了，他照样尽心尽意，并带头为学校的建设募捐，使学校的规模大为改观。如此算起来，他共办了三所学校。除了办学校，张弁群还在张家老宅的后面开办过一家浔溪绸厂，以新的技术振兴家乡的丝业。为了联络和团结家乡的知识分子，他还办起了阅报社，目

大收藏家吴雲书赠张弁群扇面

谭延闿书赠张弁群

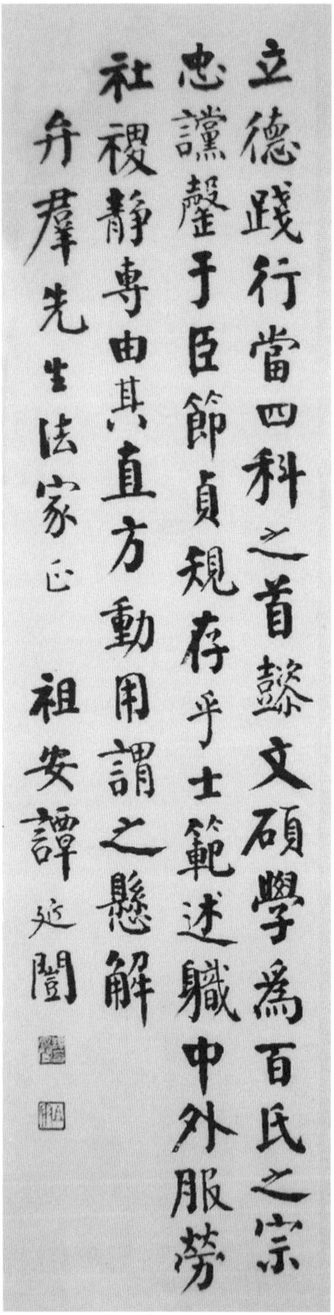

的仍在于开启民智，宣传维新。所有这些，在当时的南浔都是筚路蓝缕、以启山林之作。

大约在1908年（宣统元年）晚清政府宣布要实行新政（改革）的时候，可能张弁群受了康有为、梁启超的改良主义思想的影响，指望在一个开明君主的领导下除旧布新，把中国带向光明，所以他来到北京，花钱捐官，当上了邮传部郎中（相当于交通部的中级干部。晚清的邮传部是近代洋务运动的大本营，晚清很多务实的洋务官员如盛宣怀、李经楚、朱启钤等均出自邮传部），直到辛亥革命爆发，大清帝国完蛋才回到南浔。[8]

张弁群又爱好金石书画，精于鉴别，所藏青铜器有商祖已角、汉建安努机、唐弥陀经幢……又擅书法，笔法古朴，人云逼近覃溪，得者珍之。时人还以他的字与金绍城的画号为南浔“双杰”。

他还有一件为乡亲们称道的事情，是在民国初年，与美国南监理会教士韩明德斗争的事情，说明他与传教士的交往是很有原则的，不是一概迁就，他们如果侵害了地方老百姓的利益，张弁群是绝对不允许的。事情的起因是传教士在湖州北部一个叫海岛的地方买了一块地，要建教堂，然而这个地方有很多历史遗迹，如府学、尊经阁、颜鲁公祠、曹孝子庙故址，都将被侵占。当地士绅与在京城做官的同乡一致反对，合力力争，周旋时间很久，没能解决问题。南监理会中有个叫蓝勃斯的长老，张弁群游美国时跟他认识了，正好这时此人来到中国，张弁群抓住机会，先动以私情，又责以公理。蓝勃斯逐渐明白道理曲在该会，于是决定返还了侵地，此案遂告结束。后来乡人在这个地方建造了藏书楼，与著名的飞英塔相并峙，并把此事记入了地方志。

清末时期，中国各地多少地方闹教案，十有八九是为教会买地建教堂的事情而发，有的竟酿成命案和国际纠纷，非得朝廷军机处大员出来办理不可。而湖州的事情因为有了张弁群出场，局面就大不一样了。“此则于清末丧权辱地之际，由民间自办外交而成功者也。”(9)

他的夫人蒋汝芝是著名藏书家蒋梦蘋（即蒋汝藻）的姐姐，也是南浔“四象”之首刘镛的亲外孙女。他们有一儿四女，儿子就是创办了国立中央大学的张乃燕。

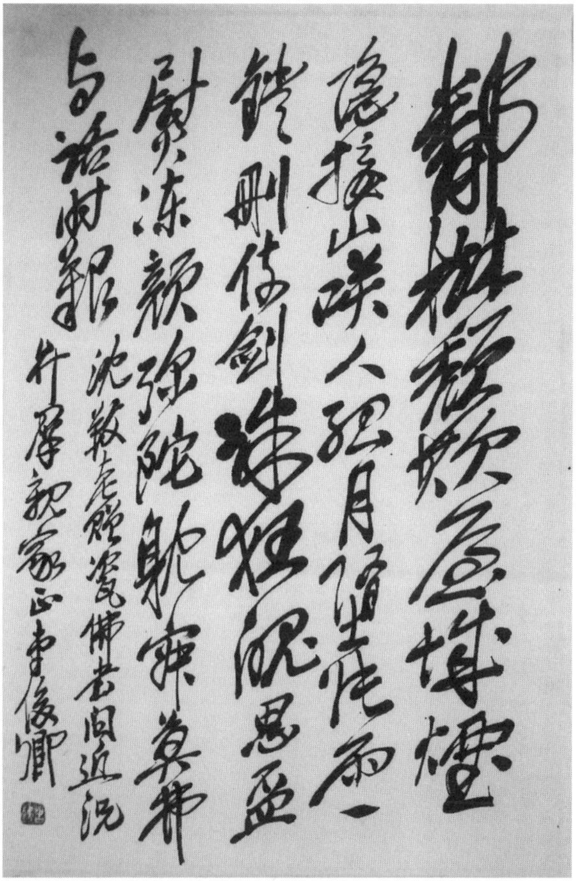

吴昌硕诗赠张弁群

自然，在当时的情况下靠一己之力，张弁群是无法实现他的理想和抱负的。此后不久，他一方面帮助弟弟张静江料理通运公司在国内的业务，在上海组织货物出口，出任了上海通运公司的总经理，同时把希望寄托在儿子张乃燕身上。

注释：
(1) 《南浔镇志》 朱倍得主编 上海科学技术文献出版社 1995年
(2) 《使西历聘纪详》（第一册） 张乃燕（手稿）1937年
(3) “柏乐文与博习医院” 陈珍棣 苏州杂志 2004年
(4) 《使西历聘纪详》（第一册） 张乃燕（手稿）1937年
(5) 《博习医院成绩记——本院创办人柏君六秩大庆之纪念品》 1917年 苏州博习医院
(6) 《南浔志稿•人物》（卷二） 周子美（手稿）
(7) 《南浔镇志》 朱倍得主编 上海科学技术文献出版社 1995年
(8) 《南浔志稿•人物》（卷二） 周子美（手稿）
(9) 《使西历聘纪详》（第一册） 张乃燕（手稿）1937年

青年张乃燕在赴欧
洲留学的轮船上

第4章

留学赴欧洲

恰逢第一次世界大战

有其父就有其子。张弁群的儿子张乃燕魄力也不小。

他是张家尊德堂张宝善的长房长孙，继承了其父的文人秉性，在教育和学术上潜心钻研，是张氏家族中学历最高的一个人，著书最多的一个人，也是张家又一个周游世界的人。他一生经历了晚清、民国、抗战、解放四个历史时期，学术上涉猎化学、历史、军事、外交、书法、绘画各科，还当过大学校长、政府官员、中国驻比利时公使，阅历非常丰富。

张乃燕的少年时代是在南浔张家尊德堂大宅院里度过的，就读于其父亲手创办的正蒙学塾，继而在杭州府中学堂读了高中，毕业后进苏州东吴大学攻读化学。他十八岁时，正值辛亥革命成功，他的父亲和叔叔张静江都已在孙中山先生领导下从事革命活动。他在父亲和叔叔的影响下，虽为学生，也加入了国民党，十九岁时在东吴大学尚未毕业，就遵父命赴欧洲留学。

学生时代的张乃燕

留学学什么？其父对其有明确规定："汝所学，可自选择，惟必以我国所缺者为限。若以兴趣所在，可另学一门以为副。毕业之后，当游历各国，以增见闻。"张乃燕诺诺。(1)可知其父亲对他要求是很严格的。

1913年春天，他乘北德邮船公司的皮罗号邮船西渡，经香港、新加坡、槟榔屿、哥伦布、苏黎士、萨伊特埠、那波利，而于热那亚登陆。从热那亚改乘火车赴巴黎，在巴黎逗留若干日后，北行至加来，渡过海峡，经渡佛而抵伦敦。在伦敦又逗留数日才赴伯明罕。1913年秋天，张乃燕入伯明罕大学学习，1914年转学到伦敦的帝国理工大学。

留学时期的张乃燕

他到欧洲的第二年，恰逢第一次世界大战爆发，许多中国留学生赶紧打包回国。他自然也写信回家，问家里怎么办。家里长辈们除了他父亲之外，都要他赶紧辍学回家，尤其是他的祖父张宝善和母亲蒋氏，执意要他立马回家，尊德堂大房就这么一个宝贝儿子，怎么能在外面吃炮火！但是他有一个与众不同的父亲，他那尚在病中的父亲却力排众议，复信中说："只要欧洲还有地方读书，就不必回来，求学不可以中道而止，一切都要以学业为要！"并且一再写信，鼓励他一定要学成后才可回国。

其实这正合张乃燕的本意。张家人都不乏冒险细胞，当年张弁群跟着外国人出国一去就是一年多，在乡间就传为出国冒险。后来张静江步其哥哥后尘，跟孙宝琦到欧洲闯荡，还跟上孙中山先生闹革命，无时不在危险之中，全都在所不辞。这回轮到他张乃燕了，初生牛犊不怕虎，他不知害怕，反而有种莫名的兴奋。他利用读书的间隙时间，到欧洲各地去转悠、观察、体验，收集战争资料，亲身经历了这场战争的全过程。

至于读书，他本是读书种子，一点不肯耽误的，在出国之前已经打下很好的英语和化学基础。在英国伯明罕大学、伦

化学博士张乃燕

敦的帝国理工大学读了几年后，1916年又赴瑞士，就读于日内瓦大学硕士班。1917年，他日内瓦大学硕士班毕业后又入化学研究院攻读博士。1919年，因为他发明了六种新化合物，撰写并刊行论文《磷与对硝基甲溴苯丙烯酸之研究》（Contribution ala Connaissance des Acides Ortho-et paranitro-alpha-bromo cinna-miques），而获日内瓦大学理学博士学位。他在欧洲这三个大学中，始终研习自然科学，而以化学为主科。先后又参观了数十家化工厂，考察他们的组织，研究他们的制造，为回国后创业作准备，对于其父“学中国所缺者”的规定，拳拳勿敢忘。

于自然科学而外，他又雅好文史，这是他自己的“自留地”，不论中国史、西洋史，均融汇贯通，一编在手，“耽耽有味”，于各国语言亦刻意深究，以利广泛阅读。他游学欧洲的这七年中，凡遇假期，他总是给自己开辟第二课堂——曾去巴黎学习法文，去瑞士的皱里克学习德文，以功课之余力涉猎各国史乘。

他腿勤也是出了名的，到过很多地方。在英国，他到过伦敦、普利茅斯、曼切斯特、伯明罕、爱丁堡等二十一个城市；在比利时，到过布鲁塞尔、奥斯当特、昂凡斯诸城；在法国，去过巴黎、凡尔赛、里昂、奥尔良、封丹勃萝、圣马洛、加纳等十三个城市；在瑞士，到过波恩、日内瓦、蒙脱罗等七个城市；在意大利，则去过热那亚、那波利诸城……“若将游历各城汇其考察所得而撰述之，亦能成为巨帙。然其时以从事搜集战争资料，未遑为之。战争既终，余亦学业告竣，原可一游其他欧洲各国，以偿夙愿，并副先父之望。然其时一则以大战之后，旅行维艰；一则以久别国土，言旋心切，遂定返国之计。”(2)

第一次世界大战结束时，他的学业也完成了。除了获得博士学位，更为不易的是，他的行囊里塞满了战争各个阶段中，各个城市和地区的战报以及时评、报道等，名副其实地正业、副业双丰收。

获得博士学位后他没有立即回国，遵照父亲的嘱咐，开始周游世界——从英国的骚斯安布顿乘荷兰邮船公司的瑙顿号邮船，西渡赴美。先到了美国的纽约、华盛顿，游览了那安加拉大瀑布，然后乘加拿大著名的太平洋铁道公司的火车，横贯美洲大陆而抵温哥华，再从温哥华乘加拿大太平洋邮船公司之日本皇后号邮船，经维多利亚、日本横滨、神户、长崎，最后到达上海。他在欧洲、美洲和日本转了一大圈，真的是尽兴而返，满载而归。只是行程的方向，与其父当年周游世界时正相反。由此可知，他出国的路线，是从东方到西方；而回国的路线，是从另一个方向由西方到东方，前后正好环游了世界一周。

青年张乃燕在家中

关于他的读书成绩，除了他的博士学位，更能证明他的水准的，是他回国后撰写的三本化学专业书。这三本书是他在1921年于北京大学教授化学时撰写的，即《有机染料学》、《药用有机砒化物》、

《欧战中之军用化学》。这三本书均由北京大学新知书社出版，其中《药用有机砒化物》是为北京大学化学系三年级撰写的教材，由蔡元培校长题写书名。[3]

有了对国际形势的清醒认识，以及欧洲战争环境的亲身体验，张乃燕对于军用化学问题十分敏感。因为他看到了，化学学科发展的最近成果，已经在第一次世界大战中被广泛应用，形成了前所未有的巨大杀伤力，已经成为战争胜负的重要因素。中国若不注意这个问题，将来会吃大亏。

他在《欧战中之军用化学》一书的序言中告诫人们：

“欧战四年有奇，由奥塞间之风云，而蔓延及全世界，其酣战之酷烈，为前古所未有。时著者方游学欧西，曾一睹其始末，归国后笔之于书，称世界大战全史。战争中科学之进步，尤为人所骇闻。若化学一端，其发明之多，或为人道之救护，或为生命之魔害，实不胜枚举。著者既任北大化学讲习，于化学之最新发明者，当有特别表讲，因举欧战中军用化学，以浅显之文字，达深奥之学理，编汇成册，而供国人之研究焉。

青年张乃燕在实验室

吾著是书，因起两种之感触焉。夫兵凶战危，尽人皆知。今各国皆言弥兵矣，吾又何为而作是书？且不然，譬如氯，人咸知其为军用中杀人毒气也，然用之以灭水中之微菌，水可饮矣！又如（三氮易基代七碳轮质）为最猛烈炸药之一种，然用之以凿山，或辟路，或开矿，又为交通上实业上需要之物品！故吾以为军用化学者，可改为应用化学之研究也。

更有进者，威尔逊倡民族自决说于巴黎会议之前，当时人咸以为天下从此多宁日矣，讵知会议而后，国际上层出不穷之龃龉，于是乎生！未来之战机，于是乎伏！今哈定又发起太平洋会议，而于次方来之太平洋会议中，英美化学名流，拟提议化学武器之解除。盖天下从此息戈则已，不然，则杀人之术日精，将来何堪设想！苟优胜劣败、弱肉强食之说不易，则吾人在今日，又不可不预备者也！

张乃燕在欧洲

吾书成于巴黎会议之后，太平洋会议之前。使太平洋会议成，国际上之暴行，能完全消灭，则吾书作为应用化学读之可也。不幸而太平洋会议裂，则于吾书之军用知识，读之不无小补。若成其名而不成其实，则吾人亦必有相当之准备，即所谓寓兵于工，寓军用化学于应用化学，以冀不落人后，是又区区之微意云尔！”(4)

很清楚，他对国际太平洋会议并不抱很大希望，他提醒国人要引起注意，这个世界很不太平，说不定什么时候又起烽火。我们至少要懂得在当代战争中，人家已经在使用什么武器。

这本书共分四章：炸药、毒气及液体火、汽船中氦之代氢说、灭菌剂。

头一章就是战争中最常用的炸药，他从寻常黑色火药一直讲到最新的发明和制造炸药的原料，如有机炸药之起始、硝酸木材质、硝酸甘油、苦味酸及其盐类、三氮易基代六碳轮质、三氮易基代七碳轮质、炸药之大原料、坚守凡尔登之新炸药。

第二章介绍毒气及液体火，其中分别介绍了毒气使用之理由及其选择法、氯、溴、氯化碳易与双氯化碳易、欧战中叶毒气使用之改良、德人所用之各种新毒气：泪气、立毙气、昏晕气、芥末气、喷嚏气、抵御方法之进步、液体火。

第三章介绍了汽船的情况，如气球之历史、氢之性质、齐泊林汽船、氢之缺点、氦之性质、氦之来源、氦船之成功及其利益。

第四章是讲灭菌剂，其中讲到灭菌剂之意义、氯类灭菌剂及其防腐方法、石炭酸类灭菌剂及其防腐方法、重金类灭菌剂及其防腐方法、染料类灭菌剂及其防腐方法、杂类灭菌剂及其防腐方法、人身内部之消毒法、水之消毒法、病院船之消毒法。这无疑对于未来战争中如何防化学武器，具有直接的指导意义。

张乃燕在回国的轮船上

张乃燕的《药用有机砒化物》一书，主要讲述了西方药物化学的最新研究和应用成果。他在该书的序言中说：

“世界文明日以进，社会之交际日以繁，而各项病症亦日以多。使无科学以救济之，其为害也，有如洪水泛滥，莫可抵御。是以谋救济者，于医学则日新月异；于药学则陆续发明，以臻于完善美满之境界。使沉沦病夫得

张乃燕在鲜花盛开的长廊

复见天日；贵重之生命，不致随危险病症而澌灭。科学之功用，诚伟矣哉！

病症之最剧而亦最多者，曰梅毒，曰虐疾。梅毒为害尽人皆知。旧式治法，恒用銾及碘化钾等物，虽足掩一时之疮痕，而梅菌潜伏血中，越时复发，为害最烈。自爱而里西氏发明六零六以来，患梅毒者，可得完全治疗。然六零六之砒量过重，或有意外之危险，于是有爱氏之九一四起而代之。今则丹尼慈有一零二之发明矣。医药界前途，益抱乐观。虐疾一症，治之者恒以金鸡纳霜为良药，今则代以各种砒化物，其功效益著。盖砒化物具莫大之杀菌力，为医药两界所公认，而尤为化学家所注意也。

是书为北京大学化学系三年级高等有机化学选类讲义之一，名曰药用有机砒化物。凡各该药品之合法及性质，与其生理上之功用，皆一一叙述及之。

附录一：拉服氏大战后二年中法军所用砒化物血管注射之报告；芳香族各砒化物列表比较，益开医药两界之导线，而尤资化学家之研究。

附录二：有机砒化物所治诸症，使研究化学者略具医学知识。

附录三：述爱耳里西之事略，俾我国学子，知所模范，无分畛域。综言之，是编之汇集，一以备校内诸生之参阅，一以备公众之研究。倘人手一编，家置一册，以融会而贯穿焉，庶于研求化学而外，获益亦正不浅，斯又读是书者所不可不知也。

附录四：秦佐八郎氏于本年九月二十二日药用化学之演辞，益见有机砒化物最新之研究。”

这篇序言除了说明这本书的提纲概要，还很能说明张乃燕的治学精神。这篇序言写于1921年9月25日，而书后附录中竟收录了三天前日本人秦佐八郎的讲演。说明他对于最近的科技动态研究，是一刻不肯放松的。

张乃燕的舅舅蒋汝藻书写的对联

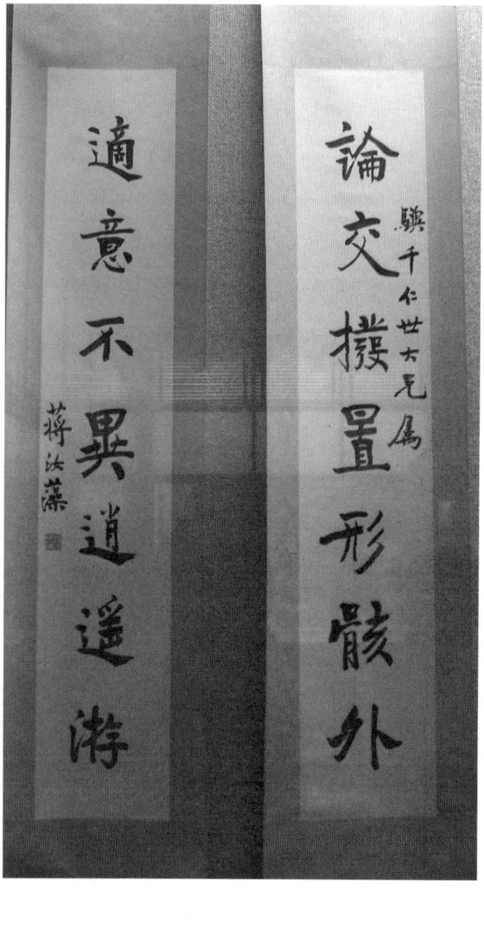

他的亲戚朋友们都夸他人聪明，学问好，会读书。其实张家东号（即尊德堂）里真正精于读书的人不是很多。他的父辈中，真正走出国门获得硕士学位的，只有他的六叔张九香。他的读书细胞，可能大多还来自他的母亲蒋家。

张乃燕的母蒋汝芝（1875 – 1962）是南浔“八牛”之一蒋家的小姐，又是南浔“四象”之首、小莲庄主人刘镛的亲外孙女。她的父亲蒋锡绅（即蒋书箴）是当地著名的读书人，晚清举人，以少时聪慧，七岁能诗著称。蒋汝芝的哥哥蒋孟蘋（即蒋汝藻）是民国著名藏书家，密韵楼即是他的藏书楼，以收有宋代诗人周密的原作及大量宋版本书著称（蒋孟蘋的儿子蒋祖诒，字穀孙，台湾大学教授，也是版本目录学专家，辑有《思适斋集外书跋辑存》一书）。其实蒋家从蒋汝芝的祖父蒋维基、叔祖蒋维培一辈就开始藏书了，被誉为“湖州二蒋”，

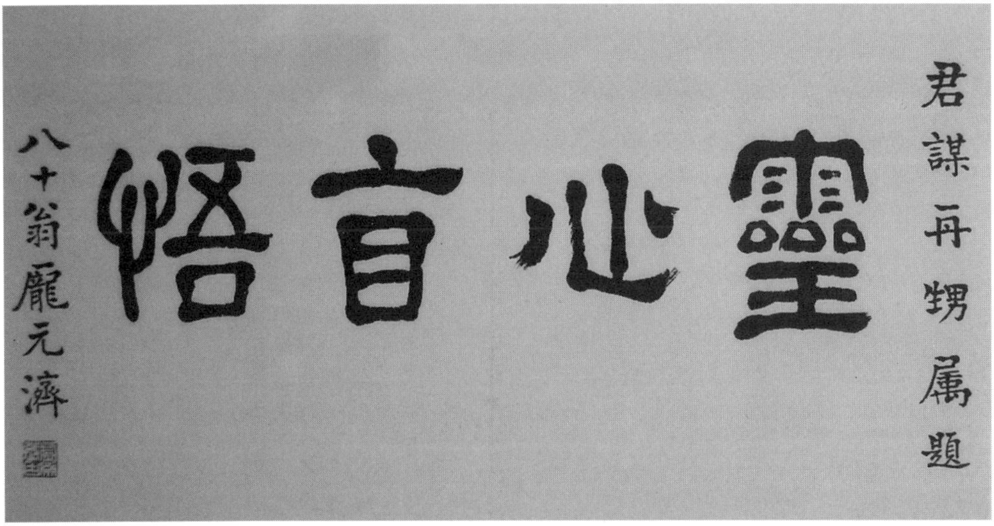

张乃燕的舅公庞莱臣为其题辞

名拔吴越。王国维为蒋家撰写的《传书堂记》中说“大江以南，精椠名钞，麇走其门”，可知藏书之富。[5] 她的表弟刘承幹（刘镛的孙子、刘锦藻的长子）又是一位海内外知名的大藏书家，是清末民初著名藏书楼嘉业堂的主人，因此张乃燕与刘承幹的儿子、著名昆曲专家、书法家刘欣万是表兄弟。尽管年龄相差二十岁，他们在一起谈古论今，非常投缘，因为有共同的家庭背景和书香情趣。

有这样的舅舅、表舅、外公、曾外公和曾叔外公，张乃燕俯仰之间，尽是书山书海，耳闻目睹，书熏墨撩，日夕摩挲，会读书还在话下吗？

张乃燕的老表弟刘欣万先生（张乃燕的母亲是刘欣万的二姑妈）如今已经九十五岁了，谈起老表哥来仍感慨万分——那么大的官，那么好的学问，却极其随和，一点脾气也没有，一点架子也没有，如今这样的人真的很少见了。一回到中国就穿中装，在家里从来没见他穿过西装。显然他在国外时还喜欢好莱坞明星，收藏了不少外国电影明星的照片，还有跟明星们一起拍的合影照片，曾拿出来给亲友看过，可惜“文革”后都不晓得哪里去了。

陈宝香书扇面赠张乃燕

沈尹默诗赠张乃燕

刘欣万只知道他发过一次脾气，那是刚从国外留学回来的时候。有一次去跳舞，在静安寺老大房的楼上，那是个很小的舞厅，里面跳舞的都是外国人，中国人极少。外国巡捕看他是中国人，狗仗人势地跑过来干涉。张乃燕生气了，用英语警告他们：“这是我们中国的领土，我为什么不能跳？！”

王羲平绘花鸟致张乃燕

注释：
（1）《使西历聘纪详》（第一册）张乃燕（手稿）1937年
（2）同上
（3）《药用有机砒化物》张乃燕 北京大学新知书社 1921年
（4）《欧战中之军用化学》张乃燕 北京大学新知书社 1921年
（5）《近代藏书三十家》苏精 台湾传记文学出版社 1983年

张乃燕博士

第5章

化学兼史学

理学博士写出《世界大战全史》

1919年秋天，在欧洲游学六年的张乃燕，带着他新获的理学博士头衔和满怀的乡思，返回了故土。那时他们张家尊德堂的大部分人都已在上海生活，南浔只有少数人“留守”，因为生意主要在上海做。其父母与祖父张宝善都住在常德路（原赫德路），那是一处占地数亩的大宅院，有宽敞的庭院和许多中西合璧的房屋。他祖父张宝善七十岁寿辰庆典也是在这里办的。张乃燕回国后开始也住在常德路，成家后迁至武定路鸿庆里。

当时有一个很活跃的社会青年组织叫寰球中国学生会（1905年8月1日创办于上海），这个组织是“上海留法俭学会”的前身，是中国民间最早建立的介绍赴欧勤工俭学的团体，积极组织华工和学生到欧洲工作或读书，十年间组织了数以万计的青年赴欧洲，后来发展成赴法勤工俭学会。中国共产党早期领导人如周恩来、陈毅、邓小平、李富春等就是经该会组织赴法勤工俭学的。该会的组织者是张静江、李石曾、蔡元培等几个早年有过欧洲生活经历的民国元老。

张乃燕著《世界大战全史》

为使学生们及时地了解第一次世界大战后的欧洲，寰球中国学生会抓住了刚从欧洲战场上回来的张乃燕，1919年11月16日，请他到会演讲，说说欧战后的形势和感想。同时被邀请的还有刚从法国办事回来的京汉铁路总办王景春博士。

张乃燕运用他渊博的知识，纵横

开合，对当今世界条分缕析，题目是“世界大势”。

他说道：“余于1913年出洋，今始返国。曾考欧洲，种族甚多，宗教不一，文字有四五十种，政体皆不同，所以时起战争，与中国战国时无稍异。德国于1870年战胜法国后，而陆军之名遂称第一，海军居次，其余工商实业、教育科学亦均随之发达。按德国位置，在列强之中非自强，何以图存？势不能不然耳。前年有法相某某见德国之强，未可与较，欲免去战祸，拟将法国属地两处与德人，易回1870年时德国所占据之法地，俾法人亦可减轻仇德之心。不意为他国所阻，事无结果，致酿成此次大战，殊可浩叹！现在德方战败，其势已馁。奥匈分裂，不如从前之强盛。土耳其为十四世纪时蒙古殖民之处，与高加索人种混合，其宗教甚繁，助德失败后，几乎一蹶不振，将来能否图强，尚难逆料。惟布加利犹自存。至于西班牙、瑞典、挪威、荷兰、瑞士等国，国小力微，将来亦无甚发展。英法两国，受战事影响后，国家元气非一时能回复。俄国内乱未靖，各树一帜，尚不知鹿死谁手。意大利最缺乏者粮食，近于和平会中又发生地理上之关系，将来不免犹有战争。比利时全赖英法两国之维护，不然，亦难图存。他如罗马尼亚、希腊等小国，只可自守，无力对外。美国商业势力日见膨胀，国之富强与商业并进，不可限量。日本名虽加入协约，而损失之数尚少，近年商业进步，亦甚迅速，以其余利振兴海陆军，不遗余

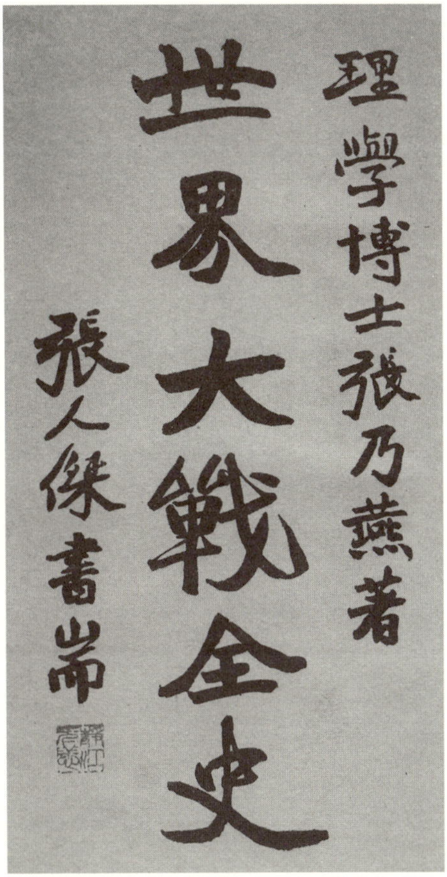

张静江题写《世界大战全史》书名

张乃燕绘世界大战中的重要人物

力。吾国政治、宗教、文字各省皆同，欲求自强实非难事，惟须四万万人合为一心，方生效力。此为余所日夕祷祝，有求于诸同志之亟起进行也。”(1)

这番演说，概括了张乃燕对当时战后世界局势的基本看法——尽管经过此次世界大战，目前欧洲几乎已经精疲力竭，几个大国都已不可收拾，但是新的战争隐患还是存在的：“近于和平会中又发生地理上之关系，将来不免犹有战争”，很能说明他不同凡响的见识。他认为目前的和平会议并没有实质性的和平保障，第一次世界大战并没有解决欧洲的根本矛盾。同时，他对中国的前景则充满了信心，因为中国（汉人）的政治、宗教和文字各省皆同，没有欧洲在民族和宗教上那么多复杂的历史纠纷，欲求自强并非难事。

关于德国这个国家，张乃燕更是投入了极大的关注，他甚至一生都在关注着德国，他觉得德国如此强大的陆军和海军，几代统治者不可一世的霸气，总是世界不太平的中要因素之一。若干年后当他再次来到德国的时候，曾主动提出希望参观一下德国的军事重镇——位于埃森的克虏伯钢铁公司。在克虏伯钢铁公司，果然发现了重要的战争苗头，他在笔记中及时地作出了预测。几年后，第二次世界大战果然爆发，此为后话。

也许是亲身经历了第一次世界大战的原故，张乃燕对于战争问题投入了极大的研究热情。他的研究和著述从留学回国后不久就开始了，而且研究的面很广。在他这一时期的著作中，除了有与他专业有关的《药用有机砒化学》（1921年）、《有机染料学》、《欧战中之军用化学》（1921年）外，还有历史学著作《世界大战全史》（1923年），《世界大战史》（1929年与人合作）、《罗马史》（1929年）、《希腊史》、《芸庐历史丛书》等，俨然一位化学专家兼军事家和历史学家了。

1922年他原本在北京大学等校教书，夏天其父病危，他辞了教席，南返伺侯汤药。料理完父亲的丧事后，他没有北上继续教书，而是选择了在家闭门著书。因为那时他已经明白，自己要想在化学上作出成就几乎是不可能的了，因为他看到，各大学里的化学实验室设备实在太简陋，连做实验最起码的蓬生灯都没有，教育界当局还是传统的教育方式，对实验室工作缺乏应有的认识，因此他对学生讲的内容，只能以理论为主，而这样的实际效果就可想而知了。[2] 既然如此，教书是不忙教的，还是打开行囊，继续整理那些辛辛苦苦收集来的战争史料更要紧。于是《世界大战全史》一书在这个时候完成了，1923年由商务印书馆出版。

张乃燕一生著述不断

他在《世界大战全史》的序言中说：

张乃燕在老屋

"世界大战（指第一次世界大战）开始之年，乃予赴欧之后一年；世界大战结束之年，乃予回国之前一年；故大战始末予得窥其全貌焉。予先后留学英国三年，法一年，瑞士三年；予所研究着为化学，暇则涉猎彼国史乘，以偿予夙好。

又以其时适世界大战，其关系之重，影响之巨，尤非往时诸战役可比。意欲于历史上新陈代谢、盛衰递嬗之故例而外，为吾国人所当引为前车、而急起直追者，凡关于精神上若干事，关于物质上者又若干事，一一表而出之，以自附于提要勾玄之意。爰搜集战事资料，着手编纂，冀成巨帙。

及至瑞士，复得汇集'同盟'、'协商'及中立各国书报，以定折衷之论断。而又虑见闻之未周至也，休战约既签，曾一度赴西战场，藉考察当日战争情形之大概。回国后，方期将大战始末，原原本本，振笔直书。

乃忽膺国立北京大学之聘，教授高等有机化学恒两载，责职所在，未遑他顾，然每当深夜，犹复凭几握管，不顾疲惫，蕲是书得早日问世也。

十一年夏，先父弁群公在沪病笃，予南归侍疾。迨先父逝世，予又以治丧留沪。回忆往年游学之日，家人以战事剧烈，俱欲予辍学归国，先父时虽抱疴，犹力辟众议，谓求学不可以中道止，继且一再赐书，谆谆勉予终业。予学业之得不中辍者以此。予得窥战事之全豹者亦以此。自念若得完成此书，一则藉以贡献国人，一则聊以纪念先父。脱稿有日矣，而吾浙省教育会又以会长见推，予赴杭就职垂一载，予书亦因是而暂行搁置。

综计是书付梓之日，已在大战告终后四年余，时日迁延，不能无憾。然其间又得参考书籍数种，取材益以宏富，叙事益以确当，亦非无小补也。

予又闻欧美各国之撰大战史者，至今尚未杀青，原其所以迟迟之故，求审慎耳。至私家著述之流布，在彼国今日虽层见迭出，而续出者尚不知凡几。即如与大战之法孟强将军偿作《大战如何结束》一书，于大战后二年出版，其序言首有言曰：'此时而欲著一切实之战史似觉太早'据此，则予书之披露，倘亦未为晚乎？

中年张乃燕

夫作史，难事也：有个人之偏见，如魏蜀吴三国，司马公以魏为正统，朱子则以蜀为正统。有国家之偏见，如滑铁卢一役，英史家具扬惠灵顿，德史家又佥誉蒲留歇。予著此史，虽自问立论公允，无所偏倚，然以非史家而著史，其中记载，或不无挂漏之处，脱蒙大雅宏达，不弃而赐教之，是尤予之幸也夫。”(3)

由此可知，关于第一次世界大战的史书，张乃燕的这部是第一部，当时欧洲学术界这方面的著作也还未问世。作为一个中国人，当时在欧洲时

来楚生书近作赠张乃燕（1935年）

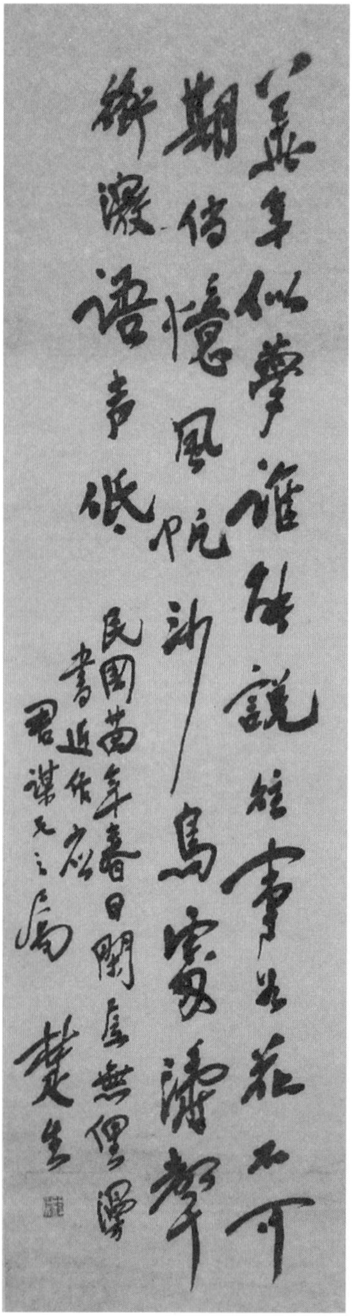

还只是一个理科学生，回国不几年即率先出版了发生在欧洲的第一次世界大战史，这不能不说难能可贵。

张乃燕原本就喜欢历史，加上他的专业与战争中的化学武器有关，于是更增加了研究战争的激情。尤为难能可贵的是，他写这部书所使用的资料，不是使用别人编纂的二手资料，有很多是他在战争期间自己到各地刻意收集来的，是战争双方的第一手战事战报和时评，经他按时间编篡，互为参照，去伪存真，条分缕析，蔚成巨编。在瑞士的时候，他还收集到“同盟国”和“协约国”及中立各国当时出版的各种书刊，以求更全面地分析问题。然而这样做了他还担心自己所见不广，判断不真，在大战停战并签定和约之后，他立马奔赴西部战场，到战场实地去考察战争的情况，拍下了很多战争废墟的实景照片。可惜当时费劲千辛万苦所拍摄的照片，在后来的“文革”中未能躲过造反派的摧毁。这种不辞劳苦地到实地去查访、去体验和考证的治学态度，的确是张家人勇敢和执着精神的延续。

《世界大战全史》一书共计三十六万字，厚厚一册，图文并茂，半文言文，遣词造句十分高雅，书签由张静江题写，书中穿插了很多战争各个时期的交战双方形势图，还有他自己绘就的“战场留影”，书后附有人名索引、中英文对照表及参考文献，阅读起来令人十分放心。

自然，书中首先讲到了大战的起因。关于大

战的起因，他分析有远因和近因。最直接的导火索是1914年6月28日，奥匈联邦的皇储斐迭南与皇妃霍亨堡女公正在塞拉热窝观摩军事演习时，突然遭遇刺客袭击，两人顿时饮弹而亡！

张乃燕是写书的高手，他用层层剥笋法：“若论肇祸地，其居民不过五万余，一蕞儿之城邑也；若论杀人犯，其年龄不过十有七岁，一中学之学生也；若论被刺者，为奥匈联邦皇储，其名位至为尊崇。然考诸历史，一国元首之突被暗杀者，或为皇帝，或为总统，亦屡见不一见，而未闻因是而发生极大之战祸也。何以奥皇储一死而掀天动地之大战因之而起？曰：祸之所作，非所作于作之日，必有所由作，盖履霜坚冰，其由来殆非一朝夕矣。质言之，斐迭南之被刺，1908年奥匈联邦实行占领波黑两州肇其端！”

原来早在1908年，奥匈联邦就兼并了人家波黑的两个州，而这两个州，正是塞尔维亚民族的聚居地，人家不甘心臣服也。刺杀奥匈皇储的根本原因在此。但是奥匈联邦政府不从根本上找原因，反而大张其辞，认为是塞尔维亚政府所发动的阴谋，于是发出最后通牒，兴师问罪，战争的火药味就出来了。然而面对强大的奥匈联邦咄咄逼人的气势，小小的塞尔维亚并不示弱，于是双方之间必有一战！

为什么小小的塞尔维亚敢于藐视强

朱孝藏赠张乃燕对联

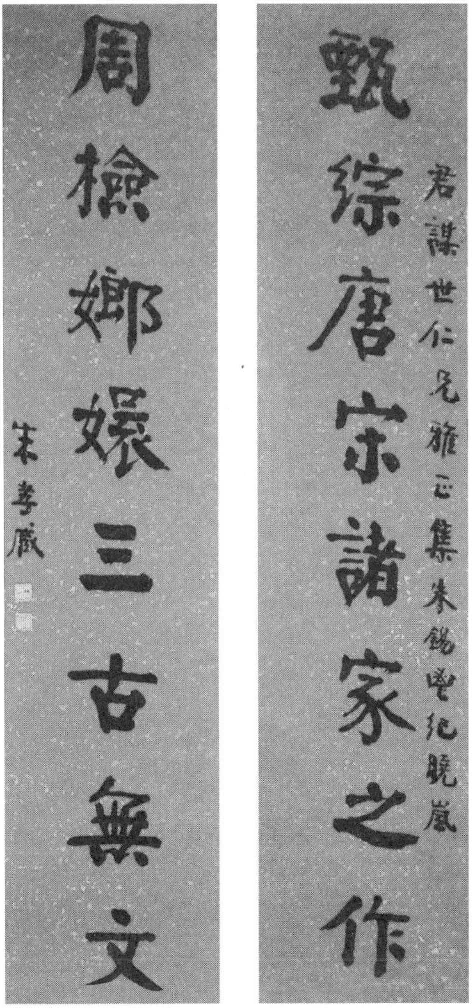

大的奥匈联盟呢？张乃燕有一番幽默的描述：“以幅员论，奥之为奥，謷乎大哉！塞之为塞，眇乎小哉！卵石之不敌，其谁不知？然塞之于奥，居然敢以螳臂当车而绝无难色者，恃有强俄之为后盾也。夫塞之土地，虽仅足当奥十三分之一，而俄之视奥，则三十二倍而有余。塞得俄助，何畏于奥？虽然，俄何以助塞，奥何以明知俄之助塞而视若无睹，卒至剑拔弩张，毫不退让者，何也？曰：奥则恃有德意为臂助，俄又恃有英法为后援故也。故欧洲大战，随时随地皆可触发，奥皇储之被刺，特其导火线而已。”

那么，两国之战怎么又发展成了欧洲之战？简而言之，“两大战团对恃也，德奥意称‘同盟’，英法俄称‘协商’。‘同盟’、‘协商’之外可得而屈指者，比以德之犯其中立，蒙因与塞有唇齿相依之谊，而先后加入‘协商’矣。意本‘同盟’国之一，顾与奥有成约，其初不遽反汗而出以观望，旋且脱离盟约而助‘协商’矣。土本欧洲列强俎上肉，人人所得而脔割者，既不得中立，又不得为左右袒，毋宁暱就一方之较为得策，其加入‘同

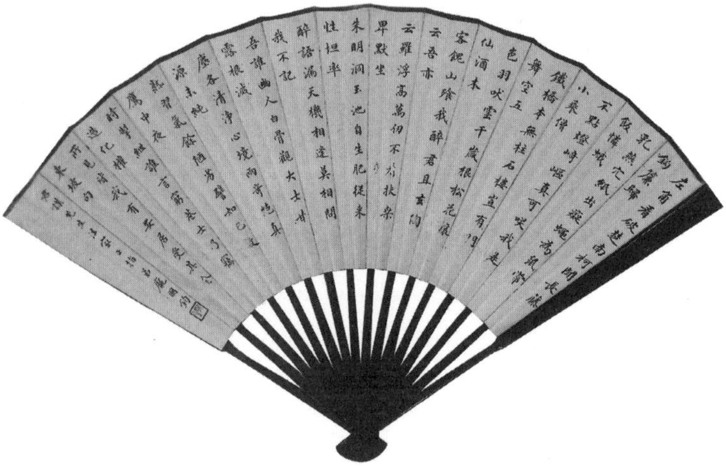

庞国钧书赠张乃燕的扇面

盟’者，势也。迨保起而加入‘同盟’，罗起而入‘协商’，于是全欧洲皆入漩涡中矣。”

至于欧洲大战怎么又变成了世界大战？张乃燕继续分析：“他若东方之日本，西方之美利坚，皆与欧洲大陆不相关涉者也。以地势论，兹两国者，皆不妨作壁上观。然日与英为同盟，又以其利益所在，不得不与‘协商’为一致行动。美当‘同盟’‘协商’疲敝之秋，思一举足为轻重，乃弃其闭关自守之孟禄主义而与德宣战。嗣是对‘同盟’方面，有宣战者，有绝交者，纷纷然接踵而起，而欧洲大战，乃一变而为世界大战矣！”

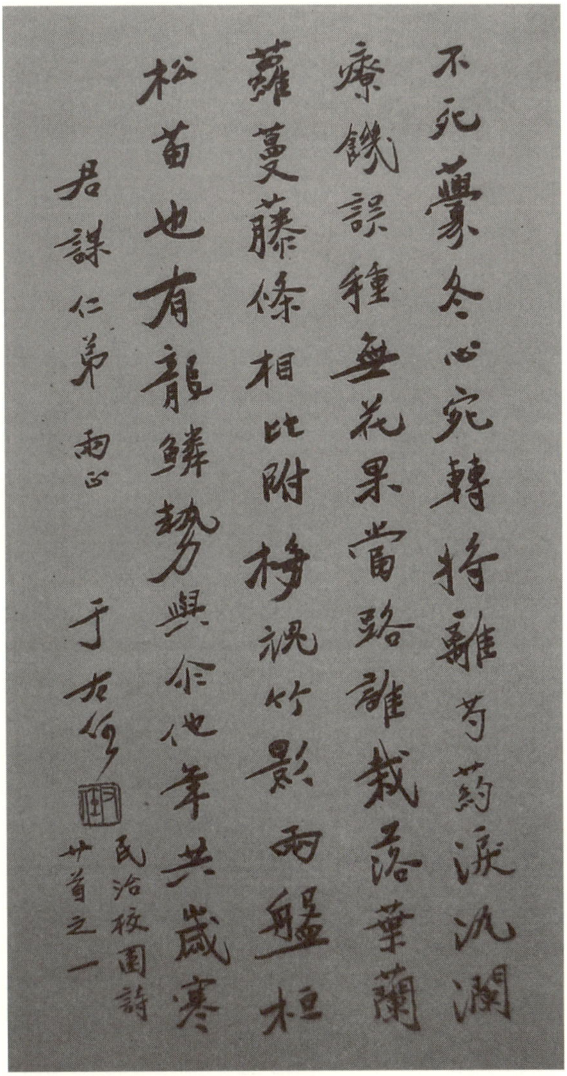

于右任诗赠张乃燕

张乃燕在书中详细介绍了同盟与协商两大战团的海陆空兵力，及各国的经济实力，介绍了战争各个阶段的全过程。其中讲到日本参战时，用了不少篇幅，历数日本在英国支持下的崛起，以及对于中国侵略，揭露了日本所谓的参战，实际上其主要目的之一就是趁机侵占我国胶州湾！日本一岛国，之所以在十九世纪能够成为世界八大强国之一，张乃燕认为，英国的暗中帮助是一重要原因，他不吝笔墨，揭示其渊源：

“日本之败俄罗斯（指日俄战争）也，实英吉利有以助

张静江赠张乃燕山水图

之。英所以助之者，非真有爱于日本也，意盖嫉俄之强盛而嗾（指使狗时发出的声音——作者注）使日本之攻之也。俄与印度为比邻，印度固英吉利之腹心也，俄之窥印度，譬若操白刃以刺其腹心。英人于此，虽鞭之长，不及马腹，势不得不假手于日本，以保持其东亚之利益，此英人之隐衷也。故当日本要求欧洲各国撤去治外法权，缔结对等条约时，英人首应之，以表示结欢于日本。中日战争既了，俄德法迫日本还我辽东，而英人勿与也；且阴劝意大利勿为德人所惑，此英人结好于日本之第二者也。庚子一役，日本就近赴援，出各国使臣于险，日兵信用因之益著，而英人利用日本之心，亦因之益坚，而日英同盟之机动矣。

一九00年十月，达赖喇嘛遣密使谒俄皇，冀仗俄人之势，脱离我国羁绊。英人闻之，妒俄益甚，盖恐其伸长势力于西藏，以危及印度也。职是之故，英日同盟之机，又为之一动。当一八九四年，日本战胜我国后，欲与俄实行平分韩满，各尝一脔；而无知如俄人野心勃勃，既欲攫满，又思并韩，果尔不啻挑衅于日，日人所不能不出死力以争之者也。抑欧洲列强中，与俄为仇而在东亚之利害常患不能相容者，厥惟英。英自脱战后，国力疲惫，苦无余力以对外，英欲保障东亚之权力以巩固印度之边圉，则不得不有藉夫英日之同盟。卒也，日英同盟于一九0二年一月三十日告成。”

原来小日本当时背后有英帝国主义的支持，充当了英国人的走狗！英国人不惜牺牲中国的利益，去换取日本人的效忠，让日本人替他们去与俄国角逐，起码起到牵制作用，以保障他们在印度的利益。什么叫帝国主义嘴脸？这就是帝国主义的嘴脸！

日本人毛羽渐丰，到了此次世界大战爆发，“日德竟而宣战矣！试问英人对于此举果愿意乎？曰否否。日本乘英人有事欧西，思独揽东亚之霸权……日本宣言交换胶州湾于我国，当为英人所授意；及日兵攻青岛，英复遣数百人助战，实不啻暗加以监视。总之，胶州湾为我国土地，始被攫于德，终见攘于日，而为主人翁者，至不敢以一矢相加遣，宁非事之大可哀者哉！”张乃燕大声疾呼，为中国之不争气，真正断腕之痛！

张乃燕的著作《罗马史》

张乃燕详细叙述了德日在我国胶州湾作战，胶州湾最终落于日本人之手的全过程。袁世凯在此过程中，还为他们划出了战区。此战的结果是：“青岛降日，袁世凯以战事已了，交战双方之军事设备，业已解除，遂请日政府除青岛外，山东内地之日军撤回青岛。日政府复置不答。时袁方谋僭窃，欧洲列强又无瑕东顾，日人利此时机，违背前约，不将胶州湾交换中国，且进而提出二十一条，以置中国于死命矣！”

袁世凯急于登基当皇帝，对日本人一再迁就，力图得到日本人的承认和支持，竟派外交总长陆徵祥和次长曹汝霖与日本公使秘密谈判，在谈判的过程中，日本军队以“换防”为名，不断增加兵力，向中国政府施加压力。最终，陆徵祥在此《中日条约》上签了字，自然，引起了举国民怨沸腾。这就是后来著名的五四爱国运动爆发的缘由！也是第一次世界大战给中国带来的最大冲击！

关于一战中军事科学的发展，尤其是化学武器在战争中应用的研究，是张著的一个显著特色。“媒膏为各有机炸药之大原料，然无硝酸，则各炸药亦无由制成，盖无论何种有机炸药，必有硝酸与之起作用而后成也。硝酸之工业制造，由于硝石。欧美所用之硝石，几无不来自南美智利。大战中英以海军封锁北海，故智利之硝石，不能运往德国，而德人于战时，制造硝酸，又为刻不容缓，乃审知空气含氮，遂用电火花通过空气中，则空气有一部分变为氧化氮，再将氧化氮通入水中，即成硝酸。德人又以接触法，由空气中之氮制成硝酸及硇精。硇精者，各种肥料之母，用之田事，可以变脊壤而为沃土者也。余若废纸之造衣服，矿物之成蛋白质，其事若庄周所谓化臭腐为神奇者，不胜枚举。呜呼！德以四面环迫，以人力而代天工之巧妙，支持四年有奇。当其签休战约之日，其兵犹远压敌境，岂非有因哉！总之，化学之应用于战争，至此可称已极。或谓此次战争中，化学杀人之祸，尚未烈也，若至将来，则且陷生灵于无量之劫数。然则将来战祸之可畏，概可知矣！”若干年后爆发的第二次世界大战中，化学武器的使用果真到了登峰造极的地步，关于这

谭延闿书赠张乃燕对联

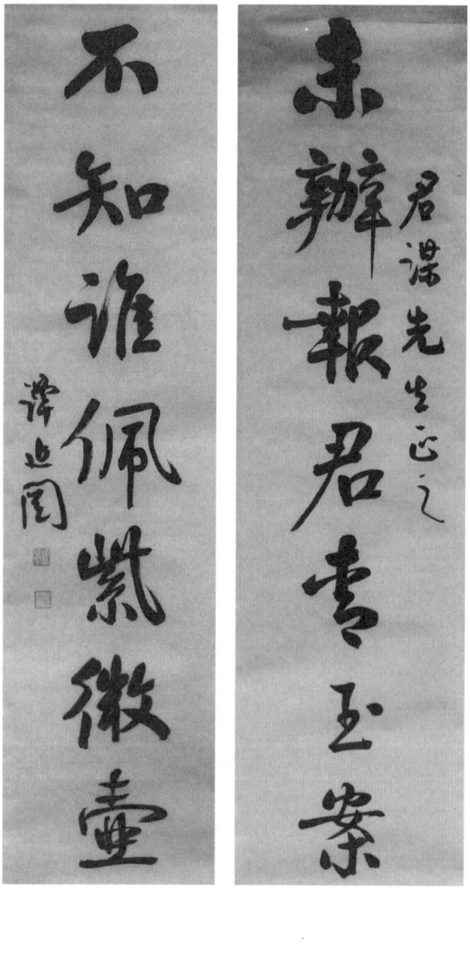

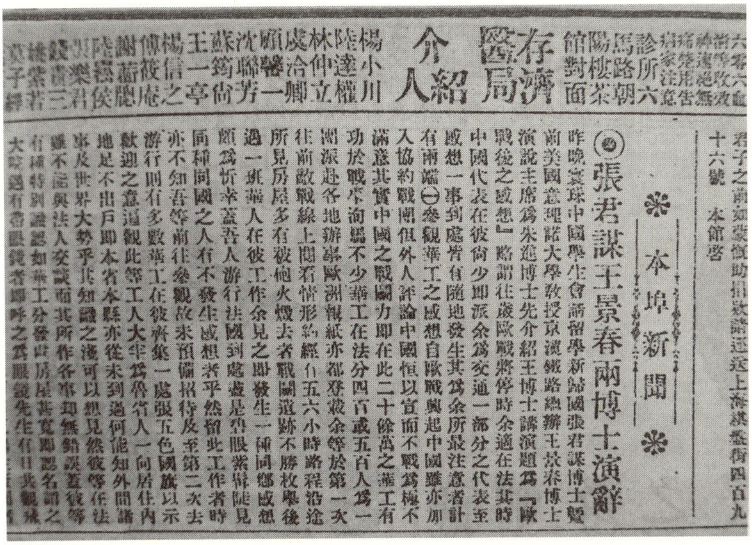
君子之前如蒙慨助捐款請送交上海棋盤街四百九十六號 本館啓

存濟醫局

介紹人

本埠新聞

張君謀王景春兩博士演辭

昨晚寰球中國學生會請留學新歸國張君謀博士暨前美國意理諾大學教授京漢鐵路總辦王景春博士演說主席爲朱進博士先介紹王博士講演題爲「歐戰後之感想」略謂往歲歐戰將停時余適在法其時中國代表在彼尚少即派余爲交通一部分之代表至感想一事到處皆有隨地發生其爲余所最注意者計有兩端㈠參觀華工之感想自歐戰興起中國雖亦加入協約戰團但外人評論中國恒以宣而不戰爲極不滿意其實中國之戰鬭力即在此二十餘萬之華工有功於戰事尚屬不少華工在法分四百或五百人爲一團派赴各地辦事歐洲報紙亦都登載余等於第一次往前敵戰線上閱看情形約經十五六小時路程沿途所見房屋多有被砲火燬去者戰鬭遺跡不勝枚舉後過一班華人在彼工作余見之即發生一種同鄉感想頗爲忻幸蓋吾人游行法國到處盡是[illegible]同種同國之人有不發生感想者乎然留此工作者亦不知吾等前往參觀故未預備招待及至第二次去游行則有多數華工在彼齊集一處張五色國旗以示歡迎之意適觀此等工人大半爲魯省人一向居住內地足不出戶即本省本縣亦從未到過何能知外間諸事及世界大勢乎其知識之淺可以想見然彼等在法雖不諳與法人交談而其所作各事卻無錯誤蓋彼等有極特別識認如華工分發住房屋其實即認名詞之大略遇有帶眼鏡者即呼之爲眼鏡先生有日其觀[illegible]

张乃燕回国纵论天下大势（《申报》）

一点，化学专家张乃燕当初就已洞若观火了。

战后，各国首脑聚集巴黎举行和会。关于巴黎和会的性质，张乃燕不抱乐观，他指出：一、产出国际联盟之规定五大强独揽世界大权；二、国际联盟造成一部分会员之利益，使全部会员俱负责任；三、战胜国处置战败国，宛若处置罪犯，使之控诉无路；四、双方合约，完全违背相互主义；五、合约本旨，凡受外族羁绊之民族，应各完全独立，然其结果，只偏于一部分所厚之民族；六、赔偿损失，只及片面；七、继续旧式均势主义。”

既然巴黎和会及所产生的国际联盟是这么个玩意儿，张乃燕当然予以抨击：

“予又闻大战既毕，国际联盟之组织，又因之而生焉。倡是策者，原欲排除国际之纠纷，亦藉以消杀帝国主义之气焰也。然在组织之始，仍为五大强国所把持，而战败诸国与别开一局之俄罗斯皆无与焉。内既不能无专断之弊，外又不能无向隅之憾，谓是种组织而有裨于国际也，其谁信焉？或为国际联盟，不若民族联盟，以国际狭而民族广也。或又谓民族联盟，又不若人类联盟，以民族广而人类尤广也。然而扪钥不足以当日，画饼不足以充饥，托诸空言，万不若见诸行事人类联盟也之为美。故无论国际联盟也，民族联盟也，人类联盟也，皆非空谈所能奏效也。”

那么，世界大战之后的世界，将面临怎样的走势？

通过对大量的一战资料和欧洲历史资料的研究，作为理学博士的张乃燕，在此书最后的结论中，对于世界局势的现状及未来之走向，作出了惊人的分析和预测：

“今者大战结束，八大强国，又去其三。五国之中，利害又各不相容。试言英吉利，英人自昔抱维持欧陆均势之政策，至今不二。均势为何？即不使欧陆有绝对优胜之强国是也。设有一国者，突然崛起，英必联合与国以挫败之，而摧其垒，俘其士，殚其财力，使之不复能振而后已。若是者，可证之昔日之法兰西。拿破仑一世之力征经营也，喑呜叱诧，不可一世，英不尝联普奥俄诸国以败之乎？今威廉二世之雄视欧陆，与拿破仑一世无以异也；英又联法俄意诸国以措之。百年之间而摧折大敌者二，亦云狠矣！顾德意志虽措，而继德意志以争霸欧陆者，必又属之法兰西。若举英之往事以为

吴湖帆赠张乃燕扇子

张弁群诗赠张乃燕（1921年）

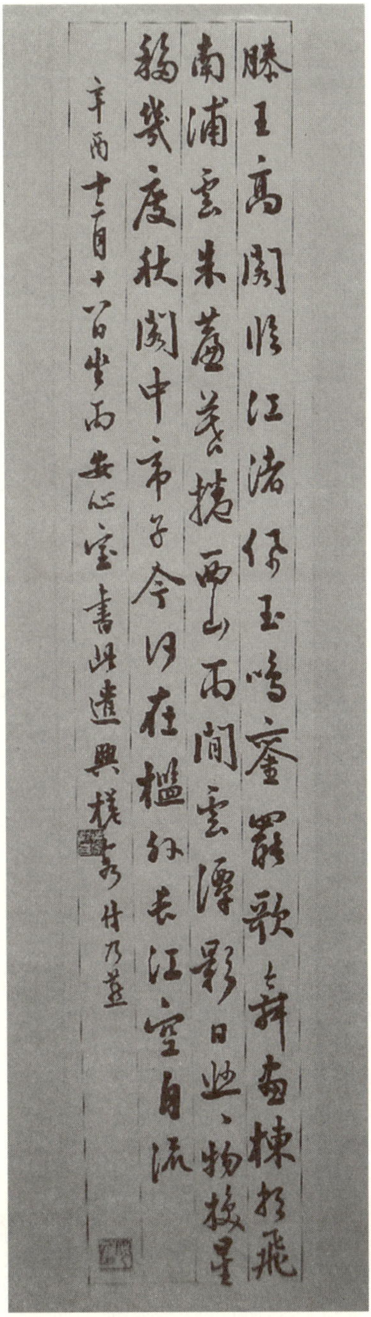

例，则英之视法兰西，犹其视拿破仑、威廉二世已耳，焉有不投袂而起者乎？此可预言者一也。

德意志与俄罗斯，非同为今日失意之国乎？语有之：‘同欲相趋，同难相死’。处惊涛骇浪之中，虽若胡越人之同舟，段不复介介于宿憾。俄德之合，意中事耳。法人知之，于俄德之间，树一波兰，以为两国之梗。且知波兰之非二国敌也，而又资之以险要，济之以军资，俾有所恃而无恐。法人之虑，不可谓不远。然异日俄德两国，终若今兹之失意也则已，若一旦毛羽丰满，六翮已备，朝垂回谿之翅，夕奋渑池之翼，二憾齐起，以谋报复，波兰必首当其冲，而战事复作矣。此可预言者二也。

日美两国之积不相能，由来久矣；而种族问题，尤为近日冲突之焦点，而在在可以触发者也。大战以后，英不愿继续英日同盟而倾向于美；英美之交，一时必固结而不可懈。日人于此，势必结外援以厚一己之势力，以与英美抗。试思日本将来之外援，舍联俄德，又将谁赖乎？此可预言者三也。”(4)

后人读书至此，不得不拍案叫绝，察后来形势的发展可知，法兰西果真没敢强过英吉利的风头；第二次世界大战爆发后，倒霉的波兰果真首当其冲，即刻被德国占领；第一次世界大战中，日本人与德国人是对头，从德国人手里夺去了德国在中国的既得利益，而到了第二次世界大战时，日本果然跟德国穿一条裤子了，结成德意

张静江为张乃燕绘（1921年元旦）

日法西斯集团，给世界带来无穷之祸害……张乃燕的眼光，真的有时光穿透之力也！

不仅如此，他甚至还预见到了将有第二次世界大战爆发！他在此书的导言中感叹道：“四余年之血战，人口丧失近五千万，财产损耗几五千万万（银元）。夫以如许之代价，其结果不过由八大强国而减为五，且巴黎会议时，此五国者，其妄自支配世界也！武断如故，专横如故。非惟对于已往之大战，无几微之悔祸，而无形中犹复勾心斗角，为第二次惨剧之预备，忍乎不忍？？”世界潜在的战争危机被他一语道破，后来发生的事实，他竟于十多年前就知道！第二次世界大战中，日本果真站到英国的对立面去了，成了他过去的敌人——德国的好伙伴。战争对于这些帝国主义国家，毫无正义可言，完全是恶狼间的争霸战。

张乃燕在此书的导言和最后部分，很自然地谈到了大战后第一个社会主义国家的诞生。他以富有激情的语言，热情地论述了他对这个新生事物的认识和期待，并揭示了这个必然的发展趋势：

“今者，受资本主义支配下之诸强国，其社会主义已有骎骎日盛之势，而弱小民族之受经济帝国主义压迫者，其民族主义尤有旭日始升之象。尤幸者，社会与民族两主义，隐隐中已若连镳并辔，奋往直前，一若不达其目的而决不止者。异时大功告成，气象一新，由是而进言世界之大同，其庶几乎！”

“一、俄罗斯革命之成功，为社会主义者政权斗争之成功；二、俄罗斯社会主义者之成功，能否保持久远，当视其政策之能否适应环境以为断（1921年，俄罗斯因种种环境关系，已改行新经济政策）；三、以目前论，俄罗斯虽未能以所揭橥之主义战胜全世界，而列强亦未能以反对其主义得扑灭之，故俄罗斯之在今日，实具有一种未可侮之势力（1920年后，英法意等国且相继承认之矣）。是故世界各国社会主义之实行，俄罗斯实为首倡。”

“故此次世界大战，譬言之，若大雨然，大雨之后，四野滂沱，百卉怒茁，每有不可遏制之势。俄罗斯之革命，大雨后茁长之第一卉也，嗣是而甲坼，而敷荣，虽所呈状态，或有不同，致其蓬蓬勃勃之生机，庄严灿烂之现象，先后实一揆也。未来之世界，殆亦如是乎？”(5)

他把世界上第一个社会主义国家的诞生，比作一场大雨后盛开的第一朵鲜花，并且欣喜地预见，不久的将来，社会主义的发展必然是“百卉怒茁”的局面，一定有蓬蓬勃勃、庄严灿烂的前景。第二次世界大战之后出现的社会主义阵营，不是同样证实了他的这些预见吗?

注释：
(1) 《申报》1919年11月17日
(2) 《使西历聘纪详》（第一册）张乃燕（手稿）1937年
(3) 《世界大战全史》张乃燕 商务印书馆 1926年
(4) 同上
(5) 同上

张乃燕、邢景陶夫妇

第6章

教育来救国

中央大学首任校长的拼搏

-1-

留学回国后，一心做番事业的张乃燕，由于种种原因，没能按他本来的意愿，从事化工实业或建设一个化学实验室，继续科学研究。命运把他推上了教育战线——先是在高校任教，继而执掌浙江教育会、江苏教育厅，还曾担任广东国民政府教育行政委员会委员，于1927年7月出任国立中央大学（初成立时叫第四中山大学），使他在科学家、历史学家而外，又多了一个教育家的身份。

从1919年到1930年，他在教育界一干就是十一年。这期间，他做过很多事情——

张乃燕校长

1919年在复旦大学教授物理。

1920－1922年在北京大学教授化学，兼任北京高等师范学校和北京工业专门学校化学教授，皆教有机化学。又于1922年春假期间东赴日本考察教育，顺道游览了横滨、东京、日光、奈良、西京、神户、长崎等地。

1923年当选为浙江教育会会长，同时兼任浙江省立工业专门学校化学教授。

1924年，“总理（孙中山先生）以大元帅名义出师北伐，任余为大本营参议。旋总理莅沪，余因未赴任。1925年，总理赴北京，改任余为顾问，余北上。既而总理逝世，余亦南返。”(1)

中央大学大礼堂奠基石

1925年他回到上海，适逢“五卅”运动后光华大学创办，他膺聘在光华大学教授科技史。这年冬天，国民政府成立于广州，召他前去参与，于是再次辞教席前往。

1926年1月，张乃燕任广州国民政府参事，2月任外交部秘书，5月派为教育行政委员会委员，同年担任国立广东大学（后称中山大学）工科学长（相当于工学院院长），筹设工科。这年冬天，他的祖父张宝善在上海病危，他作为长房长孙是不能坐视的，于是又辞职返沪，直到其祖父逝世。

1927年春，国民革命军北伐胜利，定都南京。张乃燕于1927年5月担任江苏省政府委员兼教育厅厅长。仅仅过了一个月，他的教育厅长的施政纲领尚未开张，6月9日又被任命为国立第四中山大学校长（后来改名国立中央大学，此后即以此日为该校校庆纪念日），亲手组织创办了著名的中央大学。

在中央大学校长任内，值县长考试制实行，1929年与1930年，他又两次兼任浙江县长考试典试委员。

……

身穿球衣的张乃燕

对于张乃燕来说，这是一段激情燃烧的岁月。开阔的视野，丰富的阅历，文理兼备的知识，高度的责任心，加上炽热的爱国热情，使他的教育理念和教育工作方法，从一开始就确立在一个全新的、开放的、与国际接轨的高度上。但是，当时的国民政府毕竟是“新开豆腐店”，经济上非常困难，面临的麻烦事极多。新实行的大学区制更是把过去的教育行政管理制度打乱了，来了个改辙更张，一切全是新尝试，这对于学校领导、教师、学生以及全社会，都是个挑战。加上江苏的教育会原本势力强大，不肯买大学区的账，甚至不肯买国民政府的账，不像浙江教育会那样对张家一向友好。这么一来，张乃燕这个校长的日子自然是很艰苦了。

当时按照蔡元培先生的教育理想，国民政府决定在江苏、浙江两省和北平市，参照法国的教育行政制度，试行大学区制（后于 1929 年取消）。按照大学区制的章法，张乃燕这个中央大学校长，不仅仅是一所大学的校长，而是以中央大学校长名义，管理整个区内（即江苏省内）所有的包括中小学和社会教育的行政管理，实际上就是中央大学校长兼江苏省教育厅厅长。这个政策制定者的本意是想实现学术独立化、教育连续化，免受政治的干扰，然而事情并非象人们想象的那么简单。

-2-

1927年5月2日，张乃燕就任江苏教育厅厅长。

他说话办事喜欢亮在明处，开诚布公。两周后《申报》发表了他的教育主张，题目是“张乃燕宣布设施苏教育方针”，看来是他刻意要报刊转发，以便接受公民监督的。文中说：

“上海各报馆转江苏教育界及全省民众公鉴：乃燕承乏江苏教育厅长，业于本月二日就职。兹编具下列原则若干条，为以后设施之鹄的：

1、根据中国国民党党义，施行公民训练；

2、依平民的精神，努力于县市乡教育之推广与改良，注意职业教育与农工补习教育，并奖励优良贫寒生之升学；

张乃燕博士

3、从学校生活与社会生活之全体，力谋增高省民之健康，促进其对于自然之兴趣与艺术之欣赏，并指导其对于群体生活之了解与参加；

4、学校教学，对于知识，务期透彻，对于技能，务期熟练，严格考试，以增效率；

5、保障及扩充教育经费；

6、奖励学术，鼓励研究；

7、依客观标准，决定教育行政人员之任免；

8、改良教育界服务人员之待遇，增加其进修之机会，并予以专门的指导，以鼓励教育上专业之精神；

9、严格考核私立学校，为补助及取缔之标准，并严定注册条例，积极收回教育权；

10、以科学的精神，本事实之调查，为改造教育之根据。

右列诸端，皆当努力进行，以期贯彻。邦人君子，幸垂教焉。”

不久，他又发表了他关于教育革新的十大原则，更加详细地阐释了他的教育方针。也是刊诸报端，颇有振聋发聩之力。他说：

“乃燕承乏中央教育行政委员会委员，瞬已经年，近更谬膺江苏教育厅长职务，对于苏省教育行政之方针，既已另电披陈，兹复将数年来所抱对于吾国教育革命之意见，归纳为十条，愿与我国留心教育者一商榷之。

一、促进普及教育。普及教育之重要，谁则不知？世界先进诸国，莫不为强迫之制，以促其实现。我国地大物博，文化夙先，而识字之人，乃不及百分之二十。无怪大多数国民缺乏政治知识与世界眼光，坐令军阀政客之残横贪毕，敢怒而不敢言。对于军阀背景之帝国主义者，所施行之经济的文化的侵略，亦视若无睹，一任其宰割，拨弄箝束，是可叹也！吾党既已国民革命号召天下，对内打到军阀，对外打倒帝国主义，以谋吾民族永久解放，蕲跻于真正自由平等之域，则不可不设法使全民咸被教育之幸福，以完成革命最后之成功。昔时义务教育之不易普及，经费问题实为其梗。盖贪官污吏既朘缩于上，土豪劣绅又把持其间。直指河朔，统一之期，已不在远，凡诸恶势力悉在廓清之列，则经费之筹集，当较前为易矣。实业渐兴，民生渐裕，则税收当日有起色矣。诚宜趁此时机，努力于县市乡教育之推广与改良，以奠定三民主义巩固之

张充仁赠张乃燕油画

基础也。

二、发扬三民主义。吾党既居民众指导地位，应使吾党主义深入人心，然后革命势力可以扩大。其实施之法，当就本党政府统属下之各学校，加以三民主义之教材，除公民科中为有系统的教学以外，并当有适合三民主义训练之设施，务使民众了解三民主义，为唯一救国之方法。至我国民政府之设施如何合符，主义如何便利，民众尤当广为宣传，以杜发动者之口实，而获民众之同情。

三、注重体格训练。吾人习知革命之必须乎武力，而武力必须乎健全之体格，故训练体格，实为促进革命成功之要图。抑体格健康之重要，不惟对于军事而已，即学问政治社会之事业，胥有赖焉！自昔希腊、罗马重视体育训练，近卫斯宾塞则谓：如何增进健康，实为人生首要之知识。虽百世不易其言也！

四、提倡自然科学。物质建设，在在需自然科学为之基础。基础不立，建设莫由。故提倡自然科学，尤为今日刻不容缓之事。自然科学之研究，理论与实验，当相辅而行。自小学而中学，循序渐进，皆宜有相当之设备，更进而至于大学或研究纯粹科学、或研究应用科学，设备皆宜完全。迨至大学以上，更设研究院，以奖进科学上之发明。此在我国既所希有，尤宜特别倡导。盖既有研究院，则凡科学上与工业上种种

中央大学教学楼

问题，皆得籍此解决也。

五、提倡专门学术。我国因种种研究与建设问题，殊有提高学术之必要。大学（研究院附）为研究学术之最高机关，其教员即为指导研究之重要人物。试观欧美日本先进诸国，其大学教员，皆有确定之资格。而我国大学，关于此点，独付阙如。学术上之所以缺少成绩者，正坐此故。于是而图补救。其道有二。其一为缓进的，即规定大学教员聘任条例，严定其资格，依教员之学术经验而定其等级于相当其间，考察其成绩，以为升进之标准。每三年或五年，将条例修改一次，继续提高其成度。若经数次修改之后，则我国大学教员，庶可与欧美日本大学教员并驾齐驱。夫学术精深之大学教员，然后有成绩优良之大学毕业生。有成绩优良之大学毕业生，于是自中学以至小学诸问题，容亦有渐行解决之望。其二为急进的，即聘请欧美日本之大学教授声望卓著者，为我国大学之教授（按教授为大学教员之最高级），既可资为模范，而种种建设事业，尤能得其莫大之助力，事半功倍，莫此若矣！

六、保障学术专家。吾人实行国民革命，当使任何界之

（左）张乃燕集资三十万元建造的中央大学大礼堂
（右）原中央大学进门大道

张葱玉赠张乃燕

人，立于同一战线。学术界虽属比较少数，而参加革命后，其力量可增加数倍。或以其所学指导民众，或以其所学增加生产力，或以其所学改良社会组织，或以其所学努力建设，或以其所学探讨真理。要皆能牺牲荣利，皓首穷年。若不设法为其生计上保障，则事业易于中辍，甚至志不弘者，则苟图糊口；而守不坚者，则依附权势以图存，为反动派张目，重遭吾党之尤。近来国民政府，对于农工渐颁有较完备之保障条例，独对于少数学术家之保障，尚付阙如，宁非憾事？不当急起直追、力图补救耶？！

七、实行严格考试。近来各学校之考试废弛极矣！教育上之无效率，此为一大原因。故学校中实行严格考试，既为目前亟要之图，亦为久远根本之计。愚意学校考试得分三种：一为审查平时成绩，俾知学生之勤惰；二为编号笔试，俾教员无徇私之弊。中学以上，可以试行；三为公开口试，俾旁人可以作证。大学及专门学校可以试行。又当大学毕业口试时，凡每一科之考试教员而外，另聘专家一人或数人列席审查，并得随时考问，且宜延请教育长官暨地方长官列席旁听，同时校内外人，亦得列席旁听，以昭慎重，而示公允。

八、厘订学校条例。我国近年来一切学校，除少数而外，名实不相符者，比比皆是。此于教育前途，危险极大。愚意中央教育行政机关，应早厘订某种学校课程，应有某种标准，其教员应具某种资格。其校舍场所，应有某项设备。不合标准者，则应加取缔，以免贻害青年。

九、收回教育主权。帝国主义者在满清时代所攫取不平等条约之权利，遗害吾民，垂八十余年，就中尤以外人个人及教会，能在内地自由设立学校一节，为吾民附骨之疽。此种学校的之目的，旨在养成教徒及买办，对于学生威胁利诱，无所不为。吾党既以取消不平等条约为口号，当及早预筹收回教育权之办法。其第一步应谋自办学校之优良巩固，并宣布教会学校之黑幕，俾青年自知所择，而家属亦不致以无处求学为藉口，其在国民政府统属下之教会学校，则须派专家严行视察，并分别取缔之，至宣布取消不平等条约时再实行。将各校收回自办，则事属易行矣。

十、改良教育行政。教育行政机关，向多为官僚政客所把持，但办事敷衍，希固位置而已。对于国家教育方针，不遑计也。影响所及，使

严隽培赠张乃燕

学界失所信仰，教育日臻紊乱，至可慨叹！国民政府成立以来，对于教育行政力求改革，终以军事倥偬，犹余缺陷。愚意以为全国教育，当统一于最高机关，而教育上一切行政官吏，自当以学识兼长，并富有经验之人充之，俾得完全国教育方针而督促其实施。

张静江撰对联

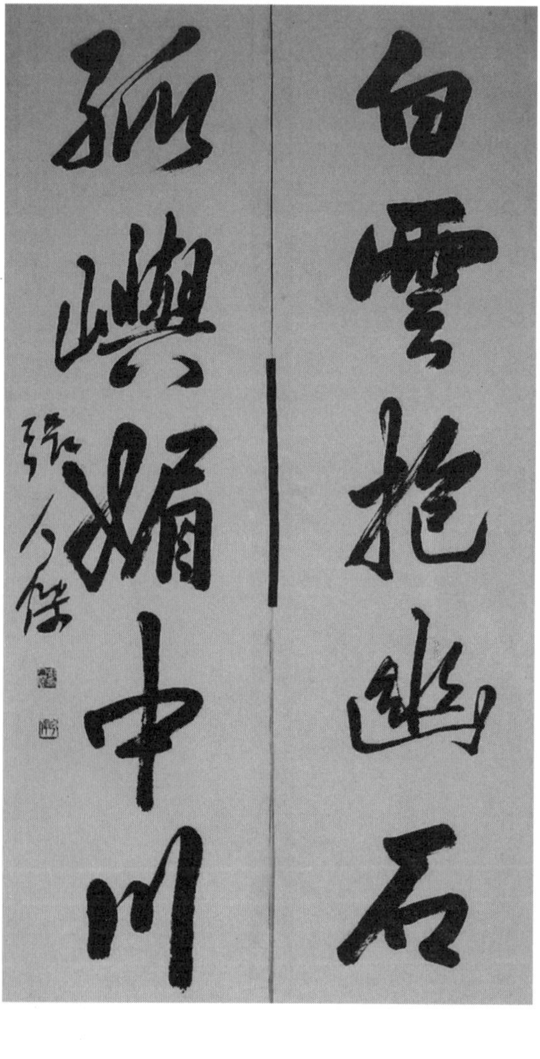

前述诸端，仅就数年来所见症结之所在，举其大者言之。余若设立图书馆、博物馆等，皆为国家应有之举。待中央或地方财力稍裕，亦当使其次第实现，盖亦启迪民智所不可缺者也。”

这篇《革新教育十大原则》刊诸报端，显然是很有“炮击”作用的。针砭时弊，实话实说，毫不留情，这无疑是张乃燕立志于中国教育改革的宣言书。看来他是决心甩开膀子大干一场了，筚路蓝缕，教育救国。可是中国的事情一向“时局纷纷乱如麻”，任何一项改革都绝非易事。

他在寓所（南京铁汤池丁氏花园，湖州人丁乃扬的花园，民国后国民政府买下）接待报社记者时也表示，教育厅的组织机构和人选已经确定，除了秘书处，还设四个科：一科司高等教育，科长孟宪承；二科司中等教育，科长沈茀斋；三科司初等教育，科长俞子夷；四科高君珊女士，司社会教育。教育厅的办公地点也已经确定，在三元巷河海工科大学内，只是现在校舍尚被军队占据，正在与之协商搬迁。在军队未迁出校舍之前，只好暂借国民政府一部分房屋办公。

程子大致张乃燕（1930年）

他对记者再次重申提他的教育主张——1、大学教师要分等第，以免大学校长因亲友私人感情，随便延请教授之弊。等第分为教授、副教授、教师、助教四等，力争中国教授与外国教授的地位立于同等水平线上。2、严格考试制度，可分三种考试办法：平时成绩、笔试、口试。在学生毕业时的考试，更可采用欧美的办法，另请专家命题考试，并有公正人、有旁听者，以免事前透漏题目之弊。3、谋求学术界的保障，定保障条例，如教员之待遇等。4、订立学校条例，使办学者，不致有名不副实或敛钱情事。

这些内容即便是拿到现在来看，都是乓乓响的，义正词严，落地有声，铁面无私，令人敬佩。那些惯于淘浆糊的“野鸡大学”，自然是很受不了。

这时候的张乃燕，已经从国外回来七八年了，南北高校和从中央到地方的教育行政部门，他都已经工作过，对中国教育的现状和积弊看得一清二楚，绝对有资格说这番话了。表面上他是个白面书生，对谁也没有架子，对谁也没有脾气，但是在工作上，他是毫不含糊的，完全用西方的规范化的模式。他的十项教育改革原则，都挠到了中国教育界的“痒处”，其中不仅涉及到教育方针和教育方法问题，更涉及到了教育行政体制的改革问题，还有教育普及问题、国民素质提高问题、教育经费问题、教师的选择录用、学生的考试问题等等，当初就是亟待解决的问题，如今八十多年过去了，不仍旧还是困扰教育界的头痛问题吗？可知地大物博、人口众多的中华民族，教育问题不是那么好解决的，因为这不仅仅是教育界本身的问题，涉及的方面太多了。这在当时的条件下，不能不说是非常大胆的设计。

尤其难能可贵的是，他为官在经济的上的公开化——他在接见记者时还开诚布公地说：“关于教育厅的工作决策，采取民主公开的态度，请专家讨论，以利实行。经济方面，每一星期，于厅门外公布经费账目一次，以示公开，而便倡率。”张乃燕此话一出，其人格风范已经昭然于天下。迄今为之，无论是新旧教育机构，这样开诚布公的不知有没有第二家。

难怪一向“很难服侍”的中央大学学生，尽管几年间学潮迭起，但对于张乃燕并无恶感。不但没有出现像东南大学的“驱胡学潮”（驱逐胡刚复的学潮），相反在大学院（相当于当时的教育部）把张乃燕调离的时候（报界称“明升暗降”），还有意挽留。

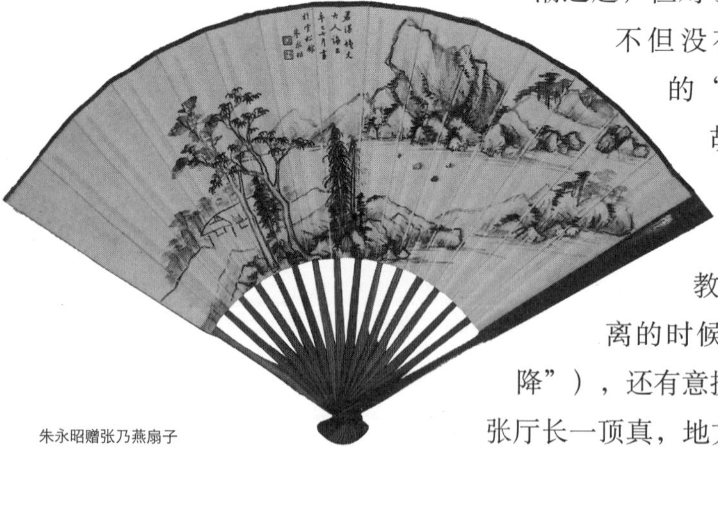

朱永昭赠张乃燕扇子

张厅长一顶真，地方教育界立马作出反

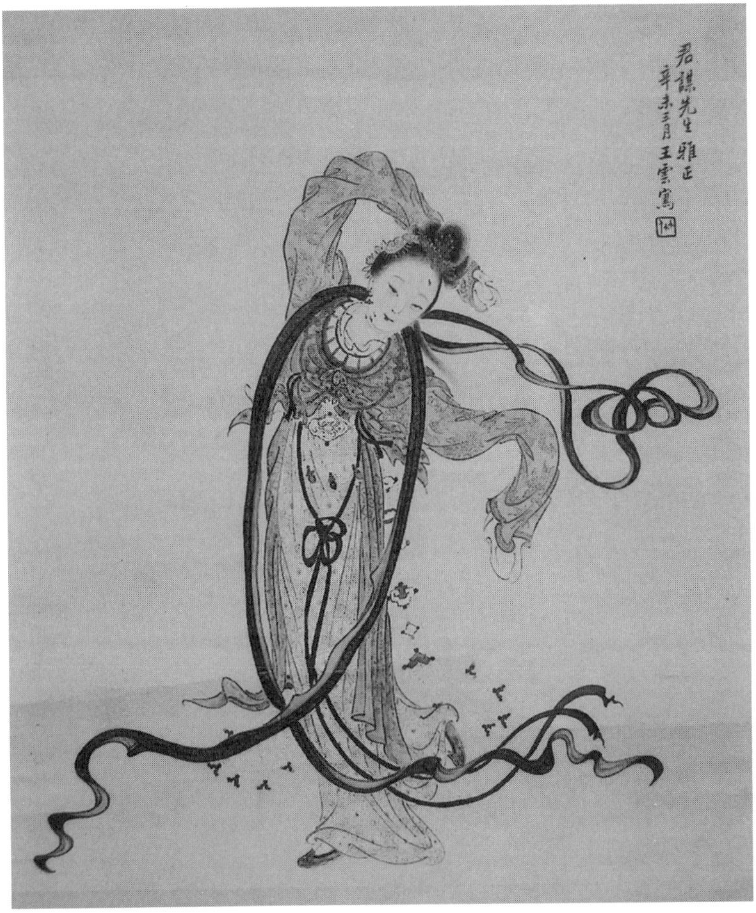

王雲绘仕女图赠张乃燕

映。江苏省教育协会对教育厅提出了十六项建议，也刊诸报端，首先提出的最大困难就是教育经费问题："频年以来，战祸相寻，苏省教育经费，日形竭蹶，学校设施，不能积极发展，征象如斯，曷胜浩叹……"

张乃燕正着手解决这些问题，他哪里想到，他这个教育厅长只当了一个多月就又有新任了。尽管如此，他的呼吁和努力还是产生了一些效果。这年7月21日，国民政府财政部和江苏省政府终于作出决定："江苏教育经费，准由田赋下支拨。"

至于收回教育主权问题，主要是指向教会学校收回教育

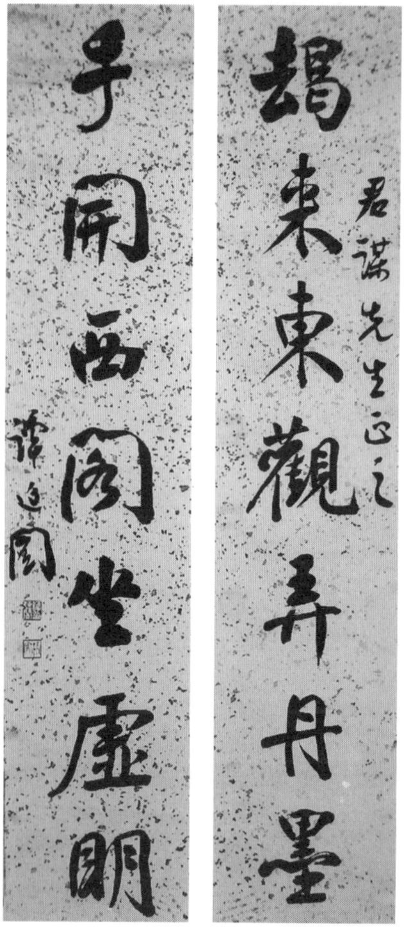

谭延闿书对联赠张乃燕

主权，这在国民党统治时期没有解决，是1949年共产党打下天下后才一举收回的。有意思的是，张家人对于这个问题的认识，前后绝不相同的。本来，基督教传教士柏乐文办东吴大学时，张乃燕的父亲张弁群是积极支持的，而且父子两代人都大力捐助的。到了张乃燕读大学的时候，也是就读东吴大学化学系的。可是，不知道在他就读的期间发生了什么事情，总之，他没有毕业就走了，就出国留学去了。回来以后当上江苏省教育厅长的时候，就在这“宣言”里对教会学校大加鞭笞，“威胁利诱”，“无所不为”，是“吾民附骨之疽”。这里面，想必一定是有切身感受的。但是若干年后，到他的儿子张泽琳读大学的时候，照样还是考入了东吴大学。或许那时比较下来，国民自办的高校大概还不如“威胁利诱”的教会大学吧！这不能不令老张大大地失望了。

-3-

6月9日，张乃燕被任命为第四中山大学校长（后来改名为中央大学），一个月后，于7月23日宣誓就职，当时才三十三岁。

就职仪式是在国民政府大会堂举行的，张乃燕在会上发表了长篇就职演说，也是一派立志改革、万象更新的气势：

“……自从国民政府定都南京之后，于一切政治上都有许多刷新，于教育上还有彻底的改革。所谓教育上有彻底的改革，就是更改教育行政制度。本大学就是更改教育行政制度后，成立的第一个大学。政府何以要更改教育行政制度呢？就是要使教育学术化。从前的教育行政机关所办的，不过是几件刻板的公事，所根据的，不过几条一成不变的法令，而与学术界则毫无关联。至于在学校方面，尤其在大学方面，简单言之，没有多大精神，没有多大成绩，所以中央要把教育行政和学术做一件分不开的东西，使他有前进而无后退，这就是中央更改教育制度的原因。

所谓教育要学术化，乃燕有两点意思：第一学术是有阶级的，现在铲除阶级之说甚嚣尘上。譬如国际上有大国小国或强国弱国的分别，就是国际的不平等；社会有君主独裁，或无产阶级专制的实现，就是在社会的不平等。所以国际和社会的阶级，必须要铲除的。然而于学术则不然，学术没有了阶级，就不成其为学术。譬如有三个人，一个是初识字的人，一个是会做文章的人，一个是文学家。这三个人当中，岂不是有了阶级吗？然而这个阶级，不是一定不移的，初识字的人加了相当的功夫，可以变为一个会做文章的人，再加了相当的功夫，又可以变为一个文学家。所以学术虽然有了阶级，是有进步的。从前国内一切大学对于学术上的阶级，是不注意的。一个在外国大学研究院研究了好几年，而有很好成绩的一个学者，回国以后，可以当一个大学教授；然而一个外国大学刚才毕业的一个学生，回国以后，也可以当一个大学教授。甚至一个外国大学没有毕业的一个学生，甚至还有在本国看了几本书，自称专家的人，都可以当大学教授。我国大学所以没有多大精神，没有多大成绩，这就是最大的原因。因为学术是有阶级的，是有进步的，所以中央教育行政委员会，颁布了大学教员资格条例。这个条例，是参照欧美、日本先进国家（制定的）。关于大学教员资格的规定，依照教员学术经验的不同，定他们的等级，并且于相当期间，考察他们的成绩，以为升进标准。照这样的办法，学术才有进步，学校才有精神。本大学既然自新制下成立的第一个大学，就首先要施行这个条例。学术是有阶级的，然而是没有界限的，这是乃燕的第二点意思。

世界上因为种族、文字、宗教、风俗之不同，分出许多不同的国家来，学术不因为许多不同的国家，也分出许多不同的学术来。譬如物理学。我们不能说是哪一国的化学。化学是世界的。可是法国的大化学家拉瓦西曾说：‘化学是法兰西的科学’。这话怎样解释呢？因为在拉瓦西的时候，化学上重要的发明，都是法国人发明的，而拉瓦西发明的尤多。拉瓦西因为国人于化学有这许多贡献，所以说化学是法兰西的科学。哪一国的贡献最多，就是哪一国的光荣。

当年的校园小树已成巨擘

本大学要办从前所没有的研究院，就是不但应目前的需要，还要培养建设人才，还要使国人在学术上有发明，有贡献，为国争光荣，为国际谋合作，为世界造和平。以上所述的，就是乃燕对于本大学所切实希望的。如其有欠缺的地方，还要请大家指教。”

张校长一番热情洋溢、雄心勃勃的讲话，自是令台下有学术责任心的师生热血沸腾。而眼前切实要办的，是要把原先九个院校合并，

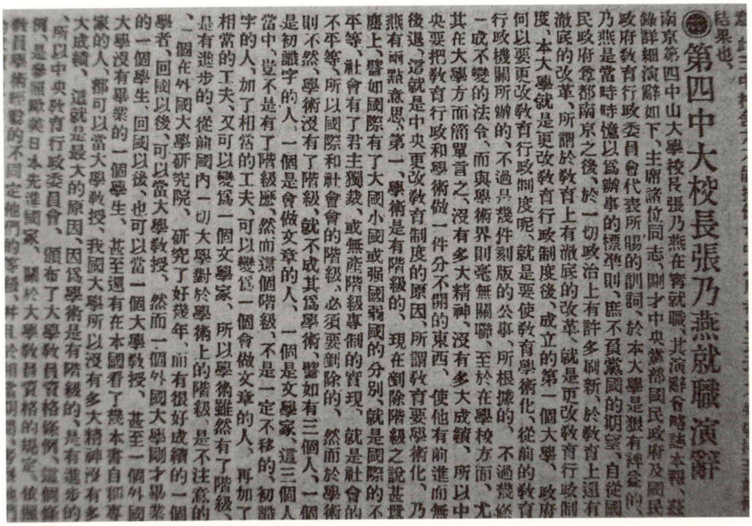

結果也、

第四中大校長張乃燕就職演辭

南京第四中山大學校長張乃燕在寧就職、其演辭曾略誌本報、茲錄詳細演辭如下、主席諸位同志、剛才中央黨部國民政府及國民政府教育行政委員會代表所賜的訓詞、於本大學是很有裨益的、乃燕是當時時懷以爲辦事的標準則、既不負黨國的期望、自從國民政府奠都南京之後、於一切政治上有許多刷新、於教育上還有澈底的改革、所謂於教育上有澈底的改革、就是更改教育行政制度、本大學就是更改教育行政制度後、成立的第一個大學、政府何以要更改教育行政制度呢、就是要使教育學術化、從前的教育行政機關所辦的、不過是幾件刻版的公事、所根據的、不過幾條一成不變的法令、而與學術界則毫無關聯、至於在學校方面、尤其在大學方面簡單言之、沒有多大精神、沒有多大成績、所以中央要把教育行政和學術做一件分不開的東西、使他有前進而無後退、這就是中央更改教育制度的原因、所謂教育要學術化、乃燕有兩點意思、第一、學術是有階級的、現在剷除階級之說甚囂塵上、譬如國際有了大國小國或強國弱國的分別、就是國際的不平等、社會有了君主獨裁、或無產階級專制的實現、就是社會的不平等、所以國際和社會的階級、必須要剷除的、然而於學術則不然、學術沒有了階級、就不成其爲學術、譬如有三個人、一個是初識字的人、一個是會做文章的人、一個是文學家、這三個人當中、豈不是有了階級麼、然而這個階級、不是一定不移的、初識字的人、加了相當的工夫、可以變爲一個會做文章的人、再加了相當的工夫、又可以變爲一個文學家、所以學術雖然有了階級、是有進步的、從前國內一切大學對於學術上的階級、是不注意的、一個在外國大學研究院、研究了好幾年、而有很好成績的一個學者、回國以後、可以當大學教授、然而一個外國大學剛才畢業的一個學生、回國以後、也可以當一個大學教授、甚至一個外國大學沒有畢業的一個學生、甚至還有在本國看了幾本書自稱專家的人、都可以當大學教授、我國大學所以沒有多大精神沒有多大成績、這就是最大的原因、因爲學術是有階級的、是有進步的、所以中央教育行政委員會、頒布了大學教員資格條例、這個條例、是參照歐美日本先進國家、關於大學教員資格的規定、依照教員學術經驗的不同定他們的等級、并且[illegible]

张乃燕发表就职演说
（《申报》1927年5月）

整编为一所全国最权威的大学，其中麻烦事自然不少。大学区制是块新划出的“试验田”，能不能打粮食还不知道，一切都是从头做起。九校合并，规模宏伟，事务繁琐，责任重大，所遇到的麻烦也就更大。

从现在南京大学（前身是国立中央大学）和东南大学的百年校庆的资料中，可以窥见创办中央大学的那段生活。

当时的情况绝非现在所能想象，那时国民政府本身还要央告江浙财团的支持才能过日子呢，只好把原先的九所公立学校合并起来，组成一所综合型的大学。九所学校是：东南大学、河海工程大学、江苏法政大学、江苏医科大学、上海商科大学、以及南京工业专门学校、苏州工业专门学校、上海商业专门学校、南京农业学校。

最初的校名叫国立第四中山大学，一方面是为了纪念孙中山先生，同时还考虑到南京是北伐军攻克的第四座历史文化名城，故在其之前冠以“第四”二字，以期有别于广州的中山大学（即第一中山大学）、武汉的第二中山大学（即武汉大学）、杭州的第三中山大学（即浙江大学）。第四中山大学隶属于中央政府，所以校名之前又加上“国立”二字。

其实他在被任命为校长之前，于江苏教育厅长任内就已经在着手筹备大学区的工作了。他延聘了二十七位专家学者为筹备委员，草拟了大学区的组织大纲和各项章程，同时抓紧完成对各校的接收工作（参加接收江苏医科大学的四个人中的乐文照，后来成了张乃燕的妹夫），将原东南大学校址作为第四中大的校址暨大学本部所在地。

张乃燕在学校的建制、办学方针、大学规程的制定、各级领导班子的配备、著名教授的选聘、课程的建设等诸多方面，都作了有开创意义的工作，在那个百废待举的时代，为中国的高等教育，谋划了新格局。鉴于办学经费不足，该校新建的漂亮的大礼堂，还是张乃燕向公私各方募捐三十余万元才得以奠基的。

谁知这个新生的大学和中央大学区并不是个省油的灯，而好像是个“事件多发地段”，动不动就要出乱子的，中大校

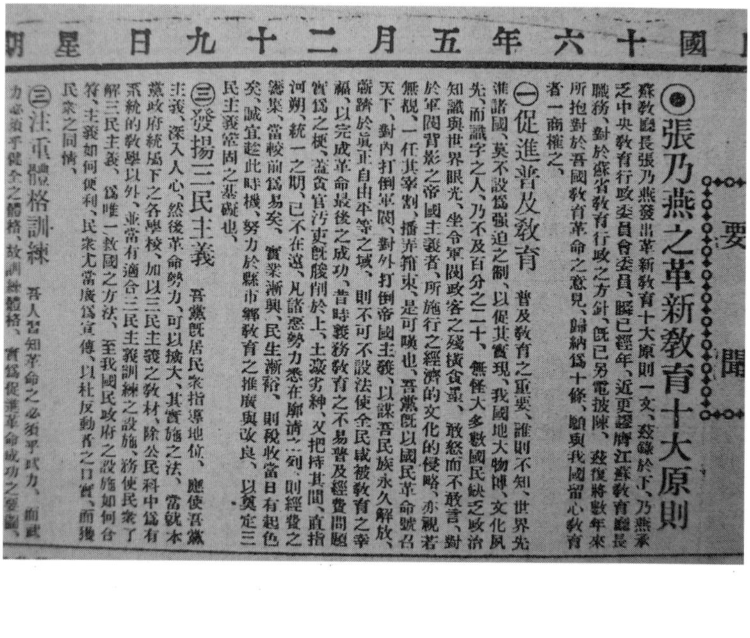

國十六年五月二十九日星期

要聞

◎張乃燕之革新教育十大原則

蘇教廳長張乃燕發出革新教育十大原則一文、茲錄於下、乃燕承乏中央教育行政委員會委員、瞬已經年、近更謬膺江蘇教育廳長職務、對於蘇省教育行政之方針、既已另電披陳、茲復將數年來所抱對於吾國教育革命之意見、歸納爲十條、願與我國留心教育者一商榷之、

(一)促進普及教育　普及教育之重要、誰則不知、世界先進諸國、莫不設爲強迫之制、以促其實現、我國地大物博、文化夙先、而識字之人、乃不及百分之二十、無怪大多數國民缺乏政治知識與世界眼光、坐令軍閥政客之殘橫貪蠹、敢怒而不敢言、對於軍閥背影之帝國主義者、所施行之經濟的文化的侵略、亦視若無覩、一任其宰割、播弄羈束、是可嘆也、吾黨既以國民革命號召天下、對內打倒軍閥、對外打倒帝國主義、以謀吾民族永久解放、蘄躋於眞正自由平等之域、則不可不設法使全民咸被教育之幸福、以完成革命最後之成功、昔時義務教育之不易普及經費問題實爲之梗、蓋貪官污吏既朘削於上、土豪劣紳、又把持其間、直指河朔、統一之期、已不在遠、凡諸惡勢力悉在廓清之列、則經費之籌集、當較前爲易矣、實業漸興、民生漸裕、則稅收當日有起色矣、誠宜趁此時機、努力於縣市鄉教育之推廣與改良、以奠定三民主義鞏固之基礎也、

(二)發揚三民主義　吾黨既居民衆指導地位、應使吾黨主義、深入人心、然後革命勢力、可以擴大、其實施之法、當就本黨政府統屬下之各學校、加以三民主義之教材、除公民科中爲有系統的教學以外、並當有適合三民主義訓練之設施、務使民衆了解三民主義、爲唯一救國之方法、至我國民政府之設施如何合符、主義如何便利、民衆尤當廣爲宣傳、以杜反動者之口實、而獲民衆之同情、

(三)注重體格訓練　吾人習知革命之必須乎武力、而武力必須乎健全之體格、故訓練體格、實爲促進革命成功之要圖、

张乃燕论教育革新十大原则
（《申报》1927年5月29日）

长这个位子并不好坐。

首先是招生问题，因为这个大学是九所大学合并起来的，有本科也有专科，要统统作为中大的学生，就有一个在统一标准下的甄别问题，最初的招生工作就只好围绕甄别九校的学生为中心展开。对东南大学、上海商大、河海工大等七所院校的学生，经审查合格者，一律入学试读一学期，再行甄别，合格者即为中大学生。而对江苏医大、南京农校的学生则另区别对待。至于各校原有的特别生和附读生，则要补行入学考试。这样一来，一部分学生就不能升入中大了，思想情绪低落，致使一些学生失学在外，社会上对此自然有些不满的反映。这就需要制定出相对机动灵活的政策，随时调整工作方针，既要保证学校的生员质量，又要能息事宁人。这年9月1日由于战事，交通中断，该月没能上课，到10月7日才补行了开学典礼。

接着又发生了部队强占学校房子的事情，张乃燕亲自写信给国民政府军事委员会告状，要求即日将校舍发还学校。

不久，围绕这所大学的校名问题，又有好几个月不得安宁，学生们一会儿游行，一会儿罢课，竟闹了一场不大不小的学潮，也令张乃燕非常头痛。

实事求是地说，国立第四中山大学这个校名是有些先天不足的，因为中山大学不止一处，不是教育圈内的人就很容易弄混，况且还有建设更多的中山大学的动议，如果增至二三十所中山大学，那就不知会出现何种混乱状况。于是在1928年2月29日，大学院（相当于教育部）大学委员会通过了更改校名的决定，并发布了165号训令，要求第四中山大学依令更名为“江苏大学”。

这项决定显然缺乏群众基础，即刻引起了师生们的不满，学生们尤其激动，立即成立了“国立第四中山大学改定校名请愿代表团”，代表们慷慨陈辞，上书大学院，认为江苏大学这个校名，“既不足以冠全国中心之学府，又不足以树首都声教之规模”，并详细陈述了改名江苏大学的四点失当之处，如：会使全国学术失其中心，不利于学校的发展等等。学生们还自说自划，恳请大学院收回成命，改国立第四中山大学校名为“国立南京大学”，接着又历数了改名南京大学的几条好处，硬要叫大学院听他们的……

可是大学院怎么能朝令夕改，出尔反尔呢？何况还有一个政府机构的面子问题，一时是放不下这个架子的，于是再次发令，依旧是要改成江苏大学。学生们得悉后，群情哗然，尤其令学生们不能接受的是，大学院又作出决定：大学区大学均不必加“国立”二字，原国立第四中山大学只称“江苏大学”就行了。这样更是火上浇油，学生们在体育馆召开大会，一致反对改名“江苏大学”。这回君子们不仅是动口，而且要动手了。他们一起涌向学校大门口，居然把“江苏大学”的牌子拿了下来，一路游行，抬到大学院去“奉还”，以示抗议，宣称在达到目的之前，仍用国立第四中山大学的校名。这就非常叫真地跟大学院唱起了对台戏。

问题是，张乃燕这位校长大人是位准学者，他没想到情况会弄到如此麻烦的程度，简直无法收拾，学生们动辄汹涌如潮水。面对学生们的组团、摘牌、集会、游行、抗议，他束手无策，不知该如何应对才好。或许他受西方民主的思想影响较多，根本不情愿前去制止学生，愿意听听学生们的意见。眼前国民政府里的一些有脸有面的官员，如胡适、傅斯年等人，当年在五四运动时期，不都是学生运动的领袖吗？学生运动不是天然合理吗？

这样一来，学潮就必然一天天升级，竟至导致了罢课三天的严重局面。学生还把“江苏大学”的招牌抬到学生会，表示永不悬挂……张乃燕拿不出解决问题的办法，上级领导自然对他就有了看法。

张乃燕提出辞职，大学部不同意，还劝慰他：“该校长学识宏通，著有成绩，正宜继续努力，勉任其难，所请辞去本兼各职之处，应毋庸议。”

最后，这件“校名风潮”一直闹到了国民政府，最终迫使大学院改变了原先的决定。经临时会议议决，最后作出了让步：“江苏大学改称中央大学，得加‘国立’二字。”1928 年 5 月 4 日，大学院院长蔡元培亲自到校宣布了这一决定，这场“校名风波”才告平息。5 月 16 日，国民政府行政院对此案进行了复议，也作出了“江苏大学改称国立中央大学”的决议。(2)

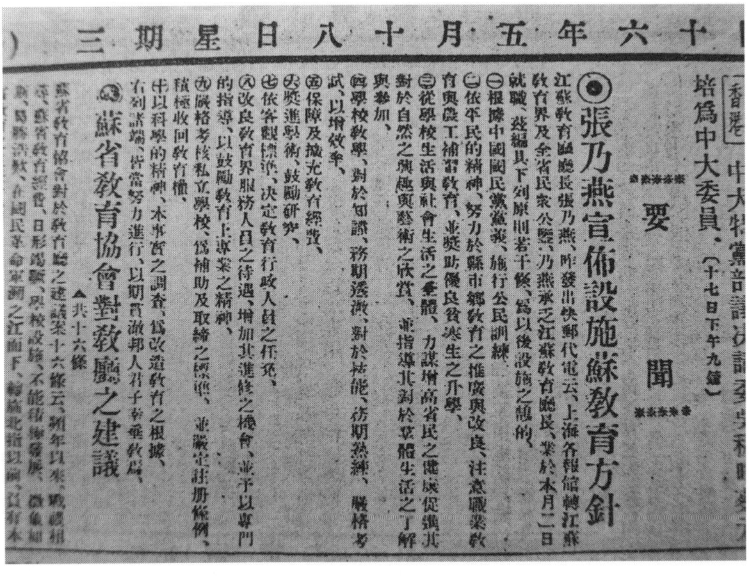
十六年五月十八日星期三

培為中大委員、（十七日下午九鐘）

要聞

◎張乃燕宣佈設施蘇教育方針

江蘇教育廳長張乃燕、昨發出快郵代電云、上海各報館轉江蘇教育界及全省民衆公鑒、乃燕承乏江蘇教育廳長、業於本月二日就職、茲編具下列原則若干條、為以後設施之鵠的、

㈠根據中國國民黨黨義、施行公民訓練、

㈡依平民的精神、努力於縣市鄉教育之推廣與改良、注意職業教育與農工補習教育、並獎助優良貧寒生之升學、

㈢從學校生活與社會生活之聯體、力謀增高省民之健康促進其對於自然之興趣與藝術之欣賞、並指導其對於羣體生活之了解與參加、

㈣學校教學、對於知識、務期透澈、對於技能、務期熟練、嚴格考試、以增效率、

㈤保障及擴充教育經費、

㈥獎進學術、鼓勵研究、

㈦依客觀標準、決定教育行政人員之任免、

㈧改良教育界服務人員之待遇、增加其進修之機會、並予以專門的指導、以鼓勵教育上專業之精神、

㈨嚴格考核私立學校、為補助及取締之標準、並嚴定註册條例、積極收回教育權、

㈩以科學的精神、本事實之調查、為改造教育之根據、右列諸端、皆當努力進行、以期貫澈、邦人君子幸垂教焉、

◎蘇省教育協會對教廳之建議 ▲共十六條

蘇省教育協會對於教育廳之建議案十六條云、頻年以來、戰禍相尋、蘇省教育經費、日形竭蹶、學校設施、不能循序發展、[illegible]

张乃燕宣布实施苏（江苏省）教育方针（《申报》1927年5月18日）

-4-

在这个过程中，大学院把张乃燕来了个明升暗降，任命他当大学院的参议，同时任命吴稚晖为中央大学校长，无形中把张乃燕给“挂”了起来。

令人难以置信的是，大学院的这个决定作得也太草率了些，事先不仅没有通知张乃燕，连吴稚晖本人的意见也没有征求，就公布了。吴稚晖知道中大是个是非窝，才不干呢！况且，他与张静江当年在法国是著名的“三剑客”（另一位是李石曾），要好的不得了，叫他去顶张静江的侄子的位置，他根本不愿去，于是坚辞不就。大学院没法子，只好又宣布由中央大学的普通教育处处长代行校长职权，结果人家也不干。张乃燕对那个大学院参事的“空中头衔”根本不感兴趣，甚至觉得这样的任免根本不合规定的程序，不合法，于是也不买账。大学院两头不着地，其尴尬可以想见。

有意思的是，大学院这些人还真小看了张乃燕，他们没有料到这个喝过洋墨水的书呆子法律意识还很强，样样喜欢讲条文，讲依据，动不动还登到报刊上去，以示公正。好在那时的报纸胆子也大，只要有人敢负责，样样都敢登。这次更是这样，张乃燕提笔向国民政府写报告，对调动他职务的法律程序提出质疑，目标是针对大学院的。自然，这个火药味甚浓的报告也是刊诸报端的。

1928年6月12日的《申报》全文刊载了他的报告，题目是“张乃燕呈国府文”。报告说：

“中央大学校长张乃燕氏，为辞大学院参事、并沥陈准备移交中央大学校务情形，呈国府文云：窃乃燕才识疏庸，谬任国立中央大学校长，荏苒经年，惧忝职守，常用兢兢。奉令调任，正宜闭户自修，束身待罪。大学院参事一职，益非所宜，仰乞收回成命，免增咎戾，不胜衔感。至中央大学校务，即日准备移交，现属校普通教育扩充教育二处，随时即可结束。其高等教育处处长胡刚复，忽于事前自请辞职，所有该处款项账目，未据交接清楚，正由会计专司严密审核。一待正式校长到任，即当妥慎移交。

自念一介书生，进退之际，凡行政职责所在，不感不严，个人人格攸关，又不敢不慎。抑又有当沥陈者：窃查大学院大学委员会组织条例，大学校长人选为委员会会议职权之一。又查该院前次提呈钧府会议通过之案，即大学院院长出缺时，亦应由大学委员会推选一人继任，是该院重视大学最高意思机关，可谓至详且密。乃燕备位大学委员，乃关于此次属校校长之更调，事前绝未接奉召集委员会之通知。或者事讳乃燕，理当回避出席，然遍询其他委员，未闻经委员会会议之手续，突然调任，紧急处分。抑若属校忽发生何种事故，有何重大情节者，在乃燕固惶惑莫解，而在社会尤疑窦滋生。此不感不陈明钧府，请求训令大学院宣示解释者一也。行政人员新旧督任，在新任未到以前，旧任理应郑重结束，以备移交，自非旧任因故出缺或褫职严办时，无不如此。

此次乃燕奉令调任大学院参事，无论乃燕未敢拜受新命，假令到院就职，而院校相距咫尺，在正式校长未到以前，应可准其从容结束，听候移交。乃钧府调任之命未颁，而大学院另委代行校长职权之令已下。所委代行校长职权者，又即系属校之普通教育处长，朝夕相助从公，非有特别案情，何取辗转更代？最可疑者，大学院在发表前项命令之日，同时即有正式函件致属校普通教育处长，谓某也继任高等教育处长，某也代理高等教育处长，一一指定姓名，命其查照办理。此等内部职司，依法应由校长遴聘，今新校长绝无表示，而大学院已先事预谋，越权指派。

夫更代既若此张皇，而分配又如是详密——学阀把持操纵，民众早已痛心！在大学院似焉敏赴事机，而在社会或妄多揣测，此不敢不陈明钧府，请求训令大学院宣示解释者二也。所辞谢大学院参事，并沥陈准备移交，请求解释各缘由，理合具呈声明。附缴简任状一件，仰祈鉴核，分别备案实行，是为公便。”

张乃燕的报告中讲的大学院任命的代行校长职权的人，是中央大学普通教育处的处长程时煃（1890 – 1940，字柏庐，江西新建人，早年留学日本东京高等师范和美国哥伦比亚大学，除了曾任中央大学普通教育处处长，还曾任江西教育厅厅长等职）。有意思的是，程时煃也不接受大学院的这个任命，把大学院的任命书退了回去，这就使大学院陷入更大的尴尬——中大一时竟无人来接手。《申报》报还报道说，程时煃不仅不肯代行校长职权，连兼该校高等教育处处长一职也不干！

报社记者是无孔不入的，对重大社会疑点更感兴趣，非弄个水落石出不可。令人惊讶的是张乃燕的去职不仅因为学潮，还另有内幕。不久，报界泄露了一个“天机”——张乃燕去职的主要原因，并非因为学潮，而是另有奥妙。

1928年6月12日的《申报》载文“中大易长暗潮重重”，文中分析“张乃燕去职之主要原因”时谈到：“大学院调张乃燕为本院参事，明升暗降，实变相之去职。所以去职之原因，虽不止一种，而最主要之点，在张将会计组为经费事请查

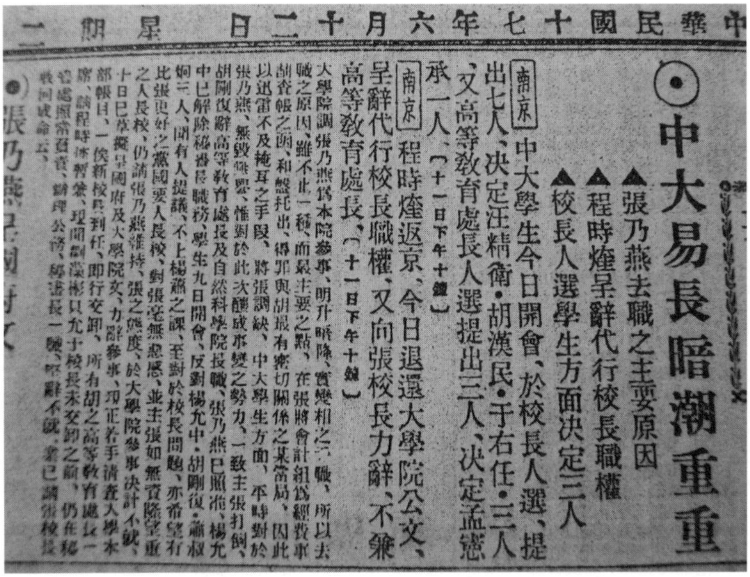

中華民國十七年六月十二日　星期二

◎中大易長暗潮重重

▲張乃燕去職之主要原因
▲程時煃呈辭代行校長職權
▲校長人選學生方面決定三人

〔南京〕中大學生今日開會、於校長人選、提出七人、決定汪精衛·胡漢民·于右任·三人、又高等教育處長人選提出三人、決定孟憲承一人、〔十一日下午十鐘〕

〔南京〕程時煃返京、今日退還大學院公文、呈辭代行校長職權、又向張校長力辭、不兼高等教育處長、〔十一日下午十鐘〕

大學院調張乃燕爲本院參事、明升暗降、實變相之免職、所以去職之原因、雖不止一種、而最主要之點、在張將會計組爲經費事詢查帳之函、和盤托出、得罪與胡最有密切關係之某當局、因此以迅雷不及掩耳之手段、將張調缺、中大學生方面、平時對於張乃燕、無甚好感、惟對於此次醜成亦變之勢力、一致主張打倒、胡剛復辭高等教育處長及自然科學院長職、張乃燕已照准、楊允中已解除秘書長職務、學生九日開會、反對楊允中·胡剛復·蕭叔絅三人、聞有人提議、不上楊蕭之課、至對於校長問題、亦希望有比張更好之黨國要人長校、對張毫無惡感、並主張如無資深望重之人長校、仍請張乃燕維持、張之態度、於大學院參事決計不就、十日已草擬呈國府及大學院文、力辭參事、現正着手清查大學本部帳目、一俟新校長到任、即行交卸、所有胡之高等教育處長一席、請程時煃暫兼、現聞劉藻彬只允于校長未交卸之前、仍在秘書處照常負責、辦理公務、秘書長一職、堅辭不就、業已請俟校長……

◎張乃燕呈國府文

报界报道中央大学“易长风潮”（《申报》1928年6月12日）

账之函，和盘托出，得罪与胡（即胡刚复）最有密切关系之某当局（上海社会科学院历史研究所张剑博士认为，此指当时实际负责大学院日常工作的杨杏佛先生），因此以迅雷不及掩耳之手段，将张调缺……张之态度，于大学院参事决计不就，十日已草拟呈国府文及大学院文，力辞参事，现正着手清查大学本部账目，一俟新校长到任，即行交卸。”

这下事情闹大了，原来是经济问题！学校的会计组认为某部门的经费使用存在问题，写信给张乃燕，要求查账。而张乃燕将这封信和盘托出，于是得罪了与之相关的人，于是乎，必须把他迅速调离。

张乃燕态度明朗，校长不让干就办移交。什么参事，那是不稀罕做的。他的两位部下态度也非常明朗——刘藻彬秘书只答应在张校长未交卸校长职务之前，仍在秘书处办理公务，言下之意是，一旦张校长走人，我也走人。至于秘书长一职，坚辞不就。普通教育处处长程时煃，不仅不肯代行校长职务，就连张乃燕要他兼职胡刚复留下的高等教育处处长一职，也坚辞不就。

这样一来麻烦大了，大学院不知所措，弄巧成拙，叫世人看了大笑话。这所国立最高学府成了群龙无首之地，整天处于风风雨雨之中。同时，高级知识分子之间的派系和门户间的矛盾也暴露无遗。从表面来看，胡刚复、杨杏佛等是留美的，是原先东南大学的老人，相互之间关系很好；而张乃燕是留学欧洲的，又是民国元老张静江的侄子，在人们眼中就有了官方背景。事实证明，当时《申报》的报道是属实的，矛盾的直接的导火索，是因为张乃燕要查胡刚复的高等教育处的账。你要查账，大学院就"以迅雷不及掩耳之势"把你调走。其中的隐情，旁观者还能不猜测吗?

或许张乃燕也不曾想到，这桩八十年前的老账，到如今居然还有人出来翻弄！在前几年南京大学和东南大学庆祝百年校庆的时候，回顾中大早期的历史，人们对这个问题似乎还糊里糊涂，未予深究，或许是懒得深究，毕竟是民国间的人事老案嘛。近几年来就不同了，几位高等师范院校里搞近现代教育史的博士生，敢杀敢打，敢于究根探底，写出了几篇很有份量的学术论文，弄清了事情原委，包括中央大学的"易长案"，以及大学院制和大学区制试验的失败问题。这就把民国早期的教育史，梳理得更清楚了。

华中师范大学近代史研究所许小青副教授撰文说："大学院副院长杨杏佛与中央大学校长张乃燕的关系不合，直接引发了中央大学的易长风潮。事情的导火线是所谓'现金案'。1928 年 5 月 12 日新任命的中央大学会计组组长兼商学院院长程振基到南京上任，与前任会计人员进行移交时，发现有67800余元现金巨款未交出，经询查，发现此款是作为办理自来水之用的，由中央大学高等教育处处长胡刚复保存和代办，现以胡的妻子的名义存于上海某银行中。这一做法明显违背了学校的会计制度。为此，程振基要求胡刚复将此款交回会计组，胡以不便办理为由拒绝交出。程振基乃于6月1日致函校长张乃燕，称'此项破坏会计系统之办法，不知是否校长所特许，究竟如何纠正，务恳迅予裁夺。'因胡刚复地位重要，更深得蔡元培赏识，故张乃燕不敢贸然处置，而是将程振基的原信送给蔡元培和吴稚晖过目，以期由元老们来定夺。胡刚复当即给蔡元培和吴稚晖去函解释辩解，并于6月7日辞职而去。"(3)

这就把事情的前期过程讲得很清楚了。但问题是，只见程振基致张乃燕的信被刊诸报端，而未见胡刚复致函蔡元培和吴稚晖解释的信刊诸报端。

许小青的文章继续写道："胡刚复的去职引起了大学院副院长杨杏佛的反映。早在东南大学时期，同为中国科学社成员的杨杏佛与胡刚复，是1925年东大易长风潮中坚定的'倒郭（校长郭秉文）派'，时北京教育部任命的新校长胡敦复（胡刚复的兄长）遭到'拥郭派'的反对，不能就职，后改派蒋维乔维持，至1927年由张乃燕接任第四中山大学校长。陶英惠(4)认为，张、杨的不睦与这段历史有相当的关系。"(5)如果真是这样的话，问题就扯远了，这些党国大员的心胸，原来跟小老百姓没什么两样！

就在胡刚复辞职的第二天，杨杏佛就以大学院的名义向中央大学发布第418号训令："查该校长张乃燕现已调任本院参事，并经由院呈请国民政府任命吴敬恒为该校校长。"问题是吴稚晖（名敬恒）根本把此事当成一场滑稽事，他当即致函大学院院长蔡元培，函中称“敬恒支离浪迹，方贻世笑，忽又以中央大学校长清衔与贱名连接，如何滑稽，务求即行取消，虽一日空名，万不敢渎担，良以事大离奇，故敬恒敢极端否认，免重罪戾也。”(6) 由此可见，大学院的决定是多么儿戏啊！

关于中大的校长问题，一方面是国府、大学院和校长这头在紧张的理论之中，学生这头情绪也是如火如荼的。这是中大学运继“校名风波”之后，又掀起的一波高潮。好在中大的学生还太年轻，好像还不懂什么查账不查账问题的轻重，也不懂得这个问题的实质，所以也不追究什么经济问题，他们似乎只关心谁来当他们的校长。关于查账问题的最后结果，报上始终没说，显然张乃燕根本无力查下去。

然而学生运动毕竟是厉害的，一夜间会一哄而起，谁都不买账。中大学生类似北京大学，动不动都要开大会、上街的，凡是他们感兴趣的问题都要发发声音、评判评判。谁有资格当他们的校长，谁不能当他们的校长，有他们自己的标准。

学生自己来选择校长，这在今天看来，似乎像笑话一般的事情，而在当时是相当认真和严肃的。自五四运动以后，无人敢小视学生运动的力量，学生运动一旦高涨起来，确是可以“翻天”的，当局有时根本不在他们眼里。

媒体也很买学生们的账，这时，把他们在校长人选上的要求，要谁、不要谁、哪个也可以接受等等，统统登在报上。

1928年6月12日的《申报》载文讲到学生们的意愿时指出：“中大学生方面，平时对于张乃燕，无毁无誉，惟对于此次酿成事变之势力，一致主张打倒。胡刚复辞高等教育处长及自然科学院长职，张乃燕已照准。杨允中已解除秘书长职务。学生九日开会，反对杨允中、胡刚复、萧叔炯。闻有人提议，不上杨、萧之课。至对于校长问题，亦希望有比张更好之党国要人长校，对张毫无恶感，并主张如无资隆望重之人长校，仍请张乃燕维持。”

接下来就看大学院有什么辙了。

僵持了约一个星期，尘埃终于落定，报上出现了“中大张校长照常视事”的标题。也就是说，在吴稚晖不愿接手中大校长，其他人也不愿代行校长职权的情况下，大学院弄了个自讨没趣，只好收回原先的调令，仍旧叫张乃燕干下去。《申报》报道说：“张乃燕兼高等教育处处长。中大高等教育处处长一席，现已由张乃燕自兼，并贴布告如次：本大学高等教育处长胡刚复辞职，业经照准，现正物色适当人才，继任斯职。惟该处长职务实属重要，未便虚悬，暂由本校长自兼。除函告学院外，合行布告本大学学生知悉。此佈。”(7)

同时，那天的《申报》报还刊载了“中大全体学生为校长问题的第二次宣言”。不过，这次宣言的主要内容，似乎已经不在于谁当校长了，因为大学院在无人接手中大校长一职的尴尬局面下，已经要张乃燕继续干下去，学生对此已经表示认可，而把主要矛头对准了一些造谣生事者。

学生的二次宣言云：“本校自张校长调任大学院参事、吴稚晖先生痛切表示不来长校后，社会疑虑，悬揣滋多。关于本校校长人选标准，业由六月九日全体大会决定，昭示国人，并呈请国府探聘。十一日第二次全体大会，乃更进一步，提出具体人选，以期风潮之迅速解决，免滋纠纷，其纯洁正大，当为国人所共鉴。乃有窃名本校各院学生会联席会议及本校校务临时委员会等名义者，发表反动宣言（已于六月十五日在京沪各报登载），其中所论，多挑拨是非，扰乱观听之辞，有不得不披其谬妄、发其奸谋、以正告国人者。十一日全体大会，继纪念周之后，到者千余人，对于表决校长人选，慎重已至。先由全体同学自由提出七人，表决三人，结果以汪精卫、于右任、胡汉民三先生得票最多，表决时全场一致，秩序井然，良由汪于胡诸先生功在党国，元勋硕彦，中外俱瞻，以之领导青年，至为允当。而所谓联席会及临时委员会，乃敢对此党国领袖横加污蔑，非别有作用，或丧心病狂者，决不出此。本校过去为国家主义所汙，余醒未泯，小丑犹在，校内历次风潮，屡为此种败类所阻挠。此次所谓各院学生联席会者及校务临时委员会者，必为彼辈小丑之所为。盖本校同学仅有‘各院学生会联合会’，为对外代表惟一名义，向无所谓联席会，而所谓校务临时委员会，亦早已宣告解散，更何来此污蔑党国领袖之宣言？抑更有为国人告者，此次反动宣言内，有长大其辞，谓‘校务停顿”‘同学张皇失措’、‘无心读书’云云，若大祸之已至者。而在事实，则新校长未到校之前，大学院已令张校长维持现状，一切校务，仍照常进行，全校同学无不专心预备大考。所谓‘校务停顿’、‘同学张皇’，不知何由说起……”

学生对张乃燕有好感，除了他人较厚道，办事开诚布公，可能还与他愿意出面保释学生有关。1928年3月，曾发生宪兵队来校逮捕学生的事件。对于学生，张乃燕一向是宽容的。每当他得知宪兵队要来校抓人时，他总是事先把风声放出去，叫学生们躲一躲。后来当局知道他站在学生一边，事先就不打招呼了。当学校被改名为江苏大学，学校里学潮风起云涌时，校园里出现了署名“国家主义青年团南京第四中山大学支部”的传单，徐彀生等三个学生被军委会宪兵团给抓走了，多日不见放回。学生代表前来请求设法营救，张乃燕当即表示愿意出面保释，报界对此立即作出了报道。

何况，在中央大学建校的第二年，学校追认了两位原东南大学的学生成律和吴光田为烈士，张乃燕还曾亲自为之撰写墓碑：

“民国十六年春，国军北伐，将抵金陵，成、吴二烈士组织党部，密谋响应，为逆军所侦悉，以十六年三月十四日晨，被捕于前东南大学之宿舍，十七日下午三时同遇害于小营。临死不屈，贻书于同学同志，慷慨劝告，可谓壮矣！乃燕继长斯校，得闻遗事，而其同学之籍隶三湘及云间者，咸以同乡会名义，募捐纪念：爰勒贞珉，以扬英烈。成烈士名律，字辛六，湖南宁乡人，前东南大学农科生，被害时年二十六；吴烈士名光田，字心葵，江苏松江人，前东南大学文科生，被害时年二十一。中华民国十八年五月，国立中央大学校长张乃燕，敬志并书。”这些，无疑在学生中都是得分之举。(8)

到此为止，1928年6月间中央大学的“易长风波”大概总算可以过去了。大学院白忙了一通，到头来还得叫老张来上班。只是蔡元培无端地为杨杏佛背了黑锅，还得向国民政府自请处分。(9)

-5-

在后来的一年中，办学仍是困难重重。主要是办学经费非常困难，不仅新生的中央大学本身困难，该大学区范围内的江苏省中小学也非常困难，实际到手的经费远远低于南京国民政府成立以前。张乃燕是校长，自然成了众矢之的。其实他两头为难，他手下这一大摊子学校，有国立的，也有地方管的。国库不肯资金到位，地方也不肯资金到位。江苏地方还认为中央大学挤占了地方教育经费。所以就不断地吵架，闹矛盾。张乃燕与江苏省地方矛盾越来越尖锐，无意中与江苏省教育会还成了对头。

当时的主要矛盾在于，一是南京国民政府刚刚成立，头绪繁多，花钱的地方也多，说是要大办教育，教育学术化，而实际上教育经费远远没有跟上，投资原本不足。不仅如次，还把原先属于教育经费的地方卷烟税收，收归国有，自然加剧了矛盾。当然，这不是张乃燕能说了算的问题，问题出在上面；二是在一个大学区内经费有限的情况下，如何在大学教育和中小学教育之间摆平的问题，也就是一个蛋糕怎么切的问题，这就要看你张乃燕的领导艺术了。

江苏教育会代表中小学的利益，有群众基础，风头很健，不肯轻易买账的。他们认为中央大学的办学经费太多，侵占了江苏中小学的经费，舆论上占了上风。其实这是由于大学区制度本身带来的问题，把大学和中小学捆绑在一起了，不是老张一个人决定的。但是地方实力派不管，总是把账算到你老张头上，这样矛盾自然逐步升级。最后矛盾集中到教育部（1929年大学院已经改为教育部）部长蒋梦麟那里，老张还和部长大人在报纸上干起了笔仗，弄得蒋介石出来训斥一番……可知中大这个火药桶，真不是闹着玩的。

张乃燕始终认为教育经费缺口太大，就拿中央大学来说，经费只够维持，无法动作，与中央大学这个全国的最高学府的地位，实不相称。在他所主持编撰的《国立中央大学沿革史》一书讲到办学经费时，真的是一包气。

有云："十六年（1927年）秋，试行大学区制，大学本部拟定预算最低限度为全年一百七十五万元。嗣因全区教育经费不敷，不得已七五折支领，实得一百三十二万元。虽较东大（中央大学之前的东南大学），稍有增加，但本校乃由前国省九校合并而成，原有各校，向支省款九十余万元，改组以后，所增者不过二三十万元，而本校之法学院、医学院、工学院均系从新创设，则薪金及设备之增加，自无待言。十七年（1928年）度又以种种关系，预算未能成立，仍照十六年（1927年）七五折支领。十八年（1929年）秋，大学区制奉令停止试行，本校经费，经行政院议决，由江苏教育经费管理处永远拨付每年一百三十二万元。饬由财政部按月拨付，十八年度月拨五万元，两年共支一百九十二万元。惟财政部于十八年八月份之五万元，迄未拨到，故本校十八年度经费之收入，实际较行政院议决之数，须短五万元。又江苏教育经费，因收入支绌未能按时付给，而财政部复常有延欠，故本校经费拮据异常，只能就现有财力，尽量撙节，免维现状，时感困难。若云完美之设备，首都学府之终极理想，则以此财力，相去犹不知几许耳！”

于是，他不得不一再写报告，找党国大员出面帮忙说话，并在报端呼吁，请江苏省政府帮助落实教育经费。上海《申报》以“张乃燕请宽筹教育之建议案”为题，公布了他给江苏省政府的函件。有云：

“本省自改革后，高等、普通扩充教育事业，均已力加整顿，渐著成效，惟经费一项，仍照十五年（1926年）度预算支配，削足适履，已感困难。兼之卷烟税改归国有，田赋税征收不能足额，其他税款又因时局关系，往往欠解，以至本大学区经费困难，达于极点。

现在十七年度即将开始，迭准省政府函催编送预算。但经费为事业之母，经费与事业之需要，太相悬殊，预算即无从编造。迭经召集主管人员会商预算办法，佥以本省自民国成立以来，历届教育经费预算，多系逐年增加，又国民政府所辖各省，其教育经费预算，亦系逐年增加，良以教育事业与时俱进，不能一成不变。况江苏省为首都所在之地，现值训政开始时期，尤应对于教育特别注意，以为各省之导。

本大学惩前毖后，为谋现有事业之安全进行，及能依次有相当之发展，自不得不先事绸缪增经费。所有关于高等教育方面，事业较宏，推广尤难，姑不遑计及，即就普通教育方面，如一、各校校舍年久失修，急需筹款改造；二、各校设备方面，因驻军关系，亟待补充；三、奖学金制度待实行；四、概算标准须加改善；五、积欠各款亟需清理；六、添设必须增加之学级等等。

又就扩充教育方面而言，如一、各馆场物质方面，亟待补充；二、教育林加植树枝，并办林警；三、增设劳动学院及讲演厅，增设补修及特殊教育机关等。

凡此所列举各事，皆系根据事实，急不容缓之举，徒以经费限制，本年度内未能实现，下年度绝不能再事搁置，使事业中途停顿。就最低估计，所需经费，至少须增五十万元以上……。”

这是他希望地方政府出来扶持教育一把。其实问题的根本原因还是出在国民政府。早在北伐前的1924年，人家江苏省就已经把卷烟税和屠牙税都专税专用地划归教育专款了，而你国民政府建都南京后，把人家非常固定的卷烟税收归国库，而把一部分田亩税交给地方作教育经费。田亩税是很不稳定的，碰到旱灾、水灾，粮食打不上来，税由何出？所以根本问题，是国民政府财政部的问题。

1929年元旦，张乃燕在报上发表长篇署名文章《最近中

星期二 (申報第六張) 舊曆戊辰十二

⊙最近中央大學概況

張乃燕

國立中央大學、位於首都、首都機關林立、大抵皆行的機關、惟中央大學爲最高學府、是知的機關、根據總理知難行易之說、則本校對於中國精神上與物質上之建設、與夫世界文化之貢獻、皆負有極重大之責任焉、

中央大學、不僅一大學已也、自國府奠都南京之後、即令施行大學區制、設中央大學區、以江蘇省爲範圍、故中央大學區包括區內各級學校 及各教育機關、中央大學校長綜理區內一切學術與教育行政、嗣是自小學而中學而大學而研究院、方相銜接、學術與教育行政、聯爲一氣、此所謂行政學術化、

中央大學區設評議會、爲本區審議機關 設研究院(在籌備中)爲本區研究專門學術之最高機關、設高等教育處、管理本部各學院及監督區內私立大學及私立專門學校及留學事項、 設普通教育處、管理本區直轄中小學校地方教育及監督區內私立中小學校、設擴充教育處、管理區內民衆教育勞動教育及社會教育、設秘書處、輔助校長辦理本區行政上一切事務、此外設督學若干人、以大學本部教授副教授充任、 負指導視察區內一切中小學校及擴於擴充教育處之一切機關、設視學若干人、則於區內負視察之責、合上述組織、總名曰中央大學區教育行政院、 現有職員六十四人、

中央大學本部設八學院、曰理學院、內分六系、曰算學系、物理學系、化學系、地學系、生物學系、心理學系、曰文學院、 內分五系、曰中國文學系、外國文學系、哲學系、史學系 社會學系、曰法學院、內分三系、曰法律學系、政治學系 經濟學系、曰教育學院、內一系三科、曰教育學系、 師資科 藝術專修科、體育專修科、曰醫學院、內分六科、曰內科、外科、藥科、專科、兒產專修科、 護病專修科、曰農學院、內設三科、曰植物農藝科、動物農藝科、 農產製造科、曰工學院、內分七科 曰機械工程科、電機工程科、 土木工程科、化學工程科、建築科、礦冶科、染織科、曰商學院 內分四科 銀行科、會計科、工商管理科、國際貿易科、凡同性質之科目、在學術上能構成系統者爲系 合適當之科目、在應用上能構成職程者爲科全校各系各科、以學術獨立平均發展爲標準、錯綜互相、調濟爲原則、行政方面、設註冊文書會計事務出版五組、圖書方面、設圖書館一所、國學圖書館一所、附屬機關有水產學校一所、 區於農學院、合上述部機、謂之大學本部、現有教員一百八十四人、職員二百五十人、學生一千三百餘人、其物質的設備、則本部佔地計一百九十畝、農學院佔地七十畝、其附設農事試驗場十三所、佔地共五千三百餘畝、校舍京滬蘇三處、共建築七十餘座、本部校舍、因學生衆多、講室及宿舍既感不敷、而大禮堂亦尙缺如、現擬逐步添建、一部分已在興築中、工場設備價值約二十萬元、儀器標本值約四十餘萬元 圖書約二十萬元、

张乃燕介绍中央大学情况
（《申报》1929年1月）

央大学概况》(10)，除了介绍中央大学近年来的工作进展，仍旧大谈经费问题，算是造舆论，以正视听。

久之，问题的结症越来越清楚，大学区制也成了群起攻之的对象，反对之声不绝于报端。张乃燕既然参与维护大学区制，又是中大校长，那么他的苦头就吃得更多些。1927年4月6日，江苏省党部也出马了，作出决定，要求撤惩张乃燕。《申报》上的报道题目是“苏省党部请惩张乃燕”，文中云：“苏省党部根据第一次临时会决议案，六日呈中执会，请撤惩中大校长张乃燕。原呈详述大学区制之弊害，及张不谙党化与尸位素餐情形。”(11)

4月19日，中等学校教职员联合会第四次代表大会代表，为反对大学区制，前去中央党部请愿，又到国府请愿，提出了一大堆具体的条件。在这之前，曾到中央大学请愿。(12)

在如此上下挤压的情况下，老张终于吃不消了，于1929年6月22日呈文国府行政院教育部，请辞去中央大学校长及江苏省府委员职务，出洋考察。(13)此时，国民政府上层人物对大学区制的教育改革已经发生怀疑，经国民党二中全会

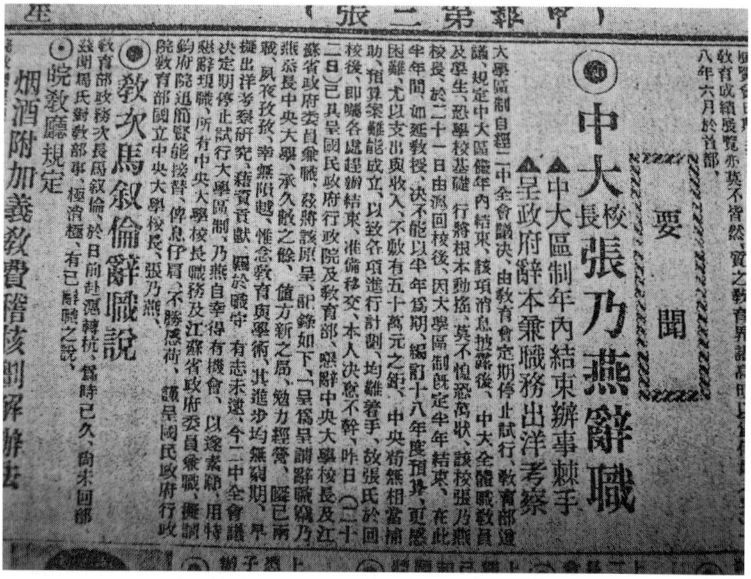

申報（第二張）

要聞

中大校長張乃燕辭職

▲中大區制年內結束辦事棘手

▲呈政府辭本兼職務出洋考察

大學區制自經二中全會議決、由教育會定期停止試行、教育部遵議、規定中大區儘年內結束、該項消息披露後、中大全體職教員及學生、恐學校基礎行將根本動搖、莫不惶恐萬狀、該校張乃燕校長、於二十一日由滬回校後、因大學區制既定半年結束、在此半年間、如延教授、決不能以半年爲期、編訂十八年度預算、更感困難、尤以支出與收入、不敷有五十萬元之鉅、中央倘無相當補助、預算案難能成立、以致各項進行計劃、均難着手、故張氏於回校後、即囑各處趕辦結束、準備移交、本人決意不幹、昨日（二十二日）已具呈國民政府行政院及教育部、懇辭中央大學校長及江蘇省政府委員兼職、茲將該原呈、託錄如下、「呈爲呈請辭職事、竊乃燕忝長中央大學、承久敝之餘、值方新之局、勉力經營、瞬已兩載、夙夜孜孜、幸無隕越、惟念教育與學術、其進步均無窮期、早擬出洋考察研究、藉資貢獻、羈於職守、有志未遂、今二中全會議決定期停止試行大學區制、乃燕自幸得有機會、以遂素願、用特懇辭現職、所有中央大學校長職務及江蘇省政府委員兼職、擬請鈞府院迅簡賢能接替、俾息仔肩、不勝感荷、謹呈國民政府行政院教育部國立中央大學校長、張乃燕、」

教次馬叙倫辭職說

教育部政務次長馬叙倫、於日前赴滬轉杭、爲時已久、尚未回部、茲聞馬氏對教部事、極消極、有已辭職之說、

皖教廳規定

烟酒附加義教費稽核劃解辦法

张乃燕提出辞职（《申报》1929年6月24日）

议决，由教育部作出决定，大学区制将于1929年年内结束试验。张乃燕认为，大学区制在半年之内就要结束，在此半年之内，如延聘教授，决不能以半年为期；编订十八年度（1929年）的学校预算，更无从编起，因为将来这个学校怎么办，经费如何落实，均尚无说法；眼前的收入与支出，已有五十万元的差距，如果没有中央的补助，一切计划断难着手。何况，师生们得知这些情况，已经大起恐慌。于是他决意一走了之，这是他第二次提出辞职，。

但是教育部仍不批准，因为无人愿意来接这个左右棘手的差事。教育部在复信中说：“呈悉。中央大学区制，现定于本年年底停止，在未停止以前，所有江苏省内教育行政及大学本部，一切校务，仍盼依照原定计划，继续进行。所请辞职之处，应无庸议。”(14) 加上教育界同事和社会上知名人士的一再挽留，张乃燕只好又回校了，但只是表示勉强支持残局，至大学区制结束，以后不再就任校长、厅长。(15)

事实上到了1929年年底，教育部仍没有找到合适的人来

接张乃燕的班，那么他这个倒霉的校长就只好再当下去。1930年，大学区制是取消了，但经费问题仍在吵架，中央大学与江苏省教育会的矛盾没有缓解，张乃燕自然呈请教育部出面解决。

这期间，中央大学的学生运动时有高潮，教育部长蒋梦麟就把学潮的情况随时向远在奉化溪口的蒋介石汇报了，引起蒋介石大为不满，指示说："中大学风败坏，校长应负全责；最高学府，政府不能坐视；贻害青年，教育尤应自觉；中央大学，管训废弛；国家主义派、改组派、共产党混迹期间，余两年来调查所得，早有所闻……"等等。[16]

这下把老张气火了，一方面写信给老蒋，要求辞职；另方面写信致蒋梦麟部长，历数他真正要他解决的事情不给解决，而学生的事情则"小事化大"，不远千里，每天往蒋介石那里打报告……并把此信刊诸报端。蒋梦麟不服气，也在报上发表文章，主要是表功，自己曾如何如何帮助中大，而打小报告之事则不好意思提啦。

中央大学的师生包括八个学院的院长，纷纷致信张乃燕，对张表示挽留。而这一次，张乃燕去意坚决，说什么也不回头了，《申报》上就出现了大标题"张乃燕不返校""致电师生预备结束"。[17]君子来去坦荡荡，张乃燕将回覆中大师生的一封信也刊诸报端，具体讲述了他决意辞职的真相。信中说：

"中央大学全体同事同学公鉴：迭承电促返校，至感盛意。此次乃燕辞职，深恐吾同事同学未明真相，故为简略陈之。自蒋梦麟部长到任以后，对于本校措施，有莫知其所以然者，约有数事。前年秋季，蒋部长在教育学院讲演，阐明风潮原理，至为详尽。其言曰：学校之闹风潮，厥有三角，一为校长，二为教职员，三为学生。如校长与教职员联络一气，则学生失败；如校长与学生联络一气，则教职员失败；如教职员与学生联络一气，其结果不言自明。论调新颖，听着动容。去年夏季，本校同事同学力争经费，行政院决议增加，蒋部长首先函知本校同学，本校始闻其事。今年夏季，教育学院同学十人组织东北教育参观团，因本校向例，每人补助二十元。蒋部长特别津贴千数百元，于是本校相形见绌。此就其荦荦大者言之，其他细节，不必尽举。近来本校不幸，屡次发生风潮，背景何人，多有能道之者。最近蒋部长更言于蒋主席曰：中大为国家主义与共产主义之角力场，劳大为共产主义之托庇所，与晓庄相等。劳大之情形如何，非乃燕之所知。中大既为两派角力之场，则乃燕首当其冲，诚恐贻误党国，贻误本校，有辜蒋主席。并闻外间原作校长者颇多，故即毅然辞职，以让贤路。但昨报蒋部长又言中大学生并无越轨行动，则又证明本校并无角力其人者在内。前后亦互异，此甚可怪者。特覆　顺颂公祺　张乃燕敬启 十九年十月二十八日”[18]

如此说来，张乃燕的辞职还不是因为经费太少，工作难

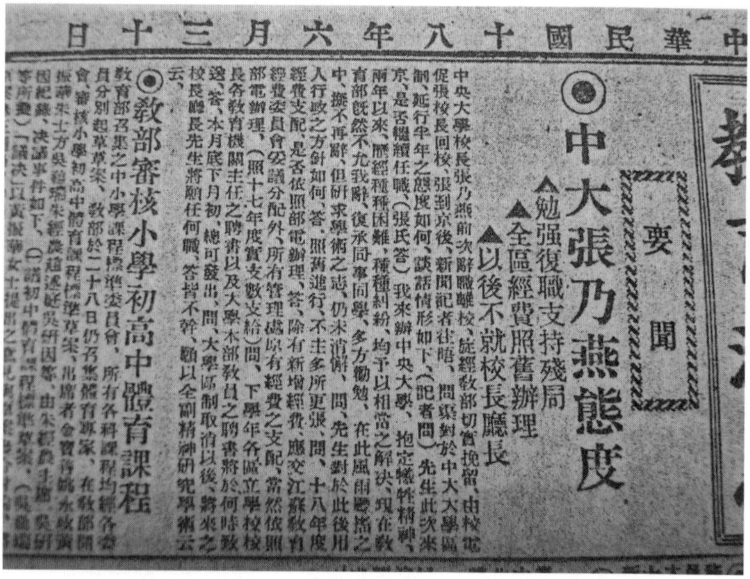

中華民國十八年六月三十日

要聞

中大張乃燕態度

▲勉强復職支持殘局
▲全區經費照舊辦理
▲以後不就校長廳長

中央大學校長張乃燕前次辭職離校、旋經教部切實挽留、由校電促張校長回校、張到京後、新聞記者往晤、問渠對於中大大學區制、延行半年之態度如何、談話情形如下、(記者問)先生此次來京、是否繼續任職、(張氏答)我來辦中央大學、抱定犧牲精神、兩年以來、歷經種種困難、種種糾紛、均予以相當之解決、現在教育部既然不允我辭、復承同事同學、多方勸勉、在此風雨飄搖之中、擬不再辭、但研求學術之志、仍未消懈、問、先生對於此後用人行政之方針如何、答、照舊進行、不主多所更張、問、十八年度經費支配、是否依照部電辦理、答、除有新增經費、應交江蘇教育經費委員會妥議分配外、所有管理處原有經費之支配、當然依照部電辦理、(照十七年度實支數支給)問、下學年各區立學校校長各教育機關主任之聘書以及大學本部教員之聘書將於何時致送、答、本月底下月初、總可發出、問、大學區制取消以後、將來之校長廳長先生將願任何職、答皆不幹、願以全副精神研究學術云云、

教部審核小學初高中體育課程

教育部召集之中小學課程標準委員會、所有各科課程均經各委員分別起草草案、教部於二十八日仍召集體育專家、在教部開會、審核小學初高中體育課程標準草案、……

张乃燕公开表态（《申报》1929年6月30日）

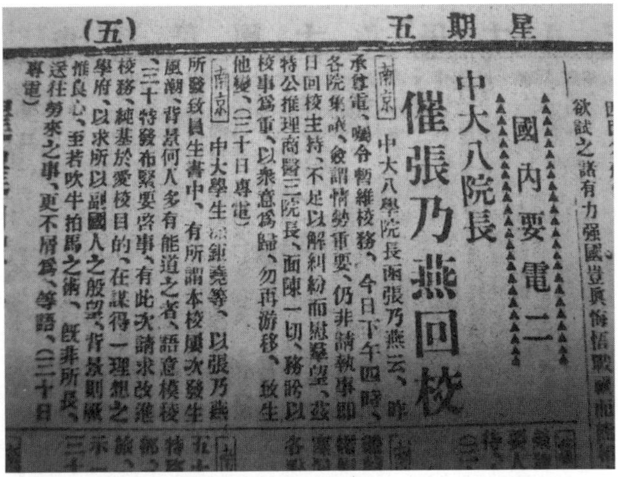
星期五 （五）

國內要電二

中大八院長催張乃燕回校

〔南京〕中大八學院長函張乃燕云、昨承尊電、囑令暫維校務、今日下午四時、各院集議、僉謂情勢重要、仍非請執事即日回校主持、不足以解糾紛而慰羣望、茲特公推理商醫三院長、面陳一切、務盼以校事爲重、以衆意爲歸、勿再游移、致生他變、（三十日專電）

〔南京〕中大學生□鍾堯等、以張乃燕所發致員生書中、有所謂本校屢次發生風潮、背景何人多有能道之者、語意模棱、（三十特發布緊要啓事、有此次請求改進校務、純基於愛校目的、在謀得一理想之學府、以求所以副國人之般望、背景則爲惟良心、至若吹牛拍馬之術、既非所長、送往勞來之事、更不屑爲、等語、（三十日專電）

中央大学八大院长催张校长回校主持一切（《申报》1930年10月31日）

做（只靠百分之七十五的经费不是也坚持了两年半了吗？），真正的原因还是政治上的原因——蒋大部长和蒋大主席把中央大学政治化了，说成是国家主义派和共产党的角力场。既然学校是这样，那么校长是什么人物呢？岂不是成了国家主义派和共产党的庇护人了吗？这是什么话？！当初成立大学院和试验大学区制，其目的不就是为了去政治化，而谋求教育独立、教育学术化吗？如今真正的学术需要支持而得不到支持，大家有意见竟成了“角力场”，而且，当部长的不惜亲自向学生献媚，那算不算是“角力场”的表现呢？总之，老子不干了！

如次，蒋大部长又作何说？

教育部又作何说？

蒋介石发话了（《申报》1930年11月3日）

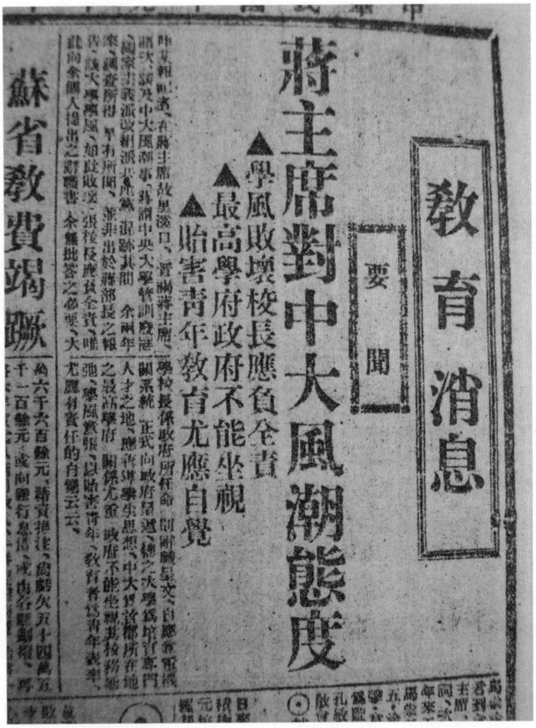
教育消息

要聞

蔣主席對中大風潮態度

▲學風敗壞校長應負全責

▲最高學府政府不能坐視

▲貽害青年教育尤應自覺

蘇省教費竭蹶

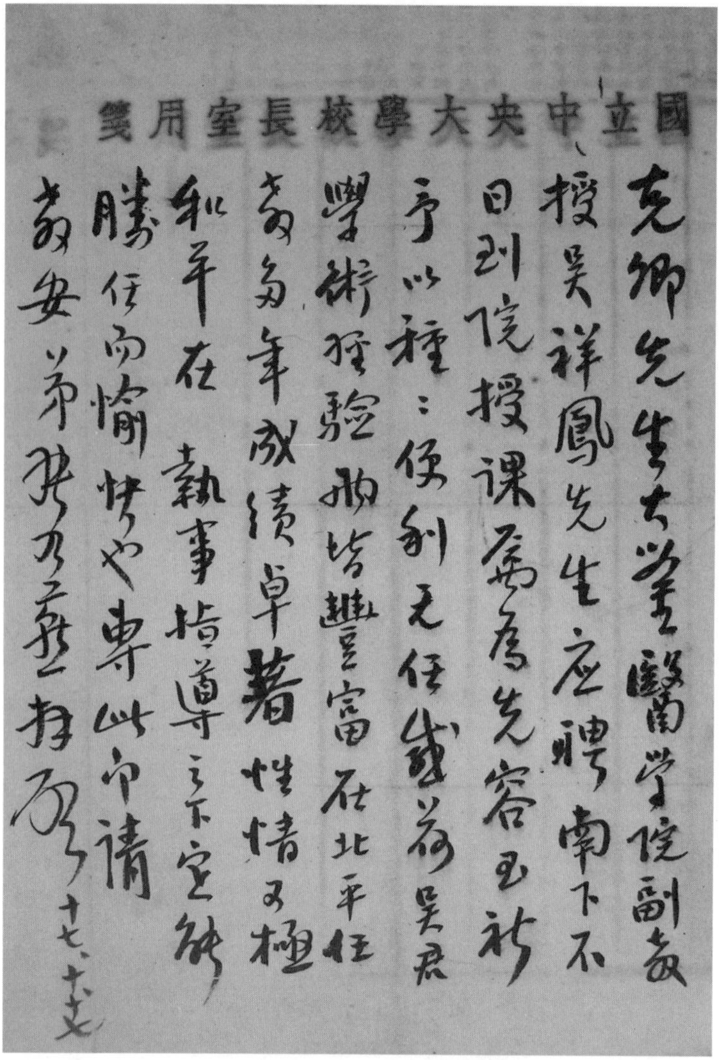
國立中央大學校長室用箋

克卿先生大鑒：醫學院副教授吳祥鳳先生應聘南下，不日到院授課，茲為先容，至祈予以種種便利，無任感荷。吳君學術經驗兩皆豐富，在北平任教多年，成績卓著，性情又極和平，在執事指導之下，定能勝任而愉快也。專此布請

教安

弟張乃燕拜啟 十七、十、廿七

张乃燕 公函

老蒋还有什么话说？

这回老张是八头牛也拉不回来了，谁有本事谁干去吧！

教育部拣来拣去，只好叫朱家骅步张乃燕之后尘，继续去坐中大这个大火炉。

朱家骅是张乃燕的同学和同乡，在家乡时，同在张乃燕的父亲张弁群创办的正蒙学社及浔溪公学读书。后来，朱家骅和张乃燕的叔叔张静江都成了民国大员，两家有不同一般的友谊——朱家骅因为没有孩子，看见张乃燕的叔叔张静江家里孩子很多，就从张家过继了一个女儿，取名朱国英（原名张乃理，抗战中由于战乱又回到张家，现已七十多岁，居美国）。张乃燕在中大校长任上集资三十万元建造的学校大礼堂，由于资金还是不够，中途停顿，最后由继任者朱家骅继续集资建成，也算是两任校长之

间的一段佳话。

现在这个大礼堂在林立的现代建筑中仍不落伍，不仅仍在使用，而且是现在东南大学的标志性建筑，每年都会有众多的新老校友前来拍照留念。

畢業證書

學生許澄遠係江蘇省江寧縣人現年二十七歲在本校教育學院教育學系修業期滿成績及格應准畢業給予教育學士學位此證

國立中央大學校長張乃燕
副校長戴超
教務長葉元龍
教育學院長韋慤

中華民國十九年七月 日

中央大学毕业证书

注释：
（1）《使西历聘纪详》（第一册）张乃燕（手稿）1937年
（2）《南大百年实录》南京大学出版社 2002年
（3）“南京国民政府初期中央大学区试验及其困境” 许小青《近代史研究》2007年第2期
（4）陶英惠是台湾著名民国史研究专家。
（5）此转引许小青文中的注释：陶英惠还认为，其中可能也有南北学派的门户之见，氏著《蔡元培与大学院》（下），《新知识杂志》第3年第6期，第59页，注91，载《蔡元培传记资料》（二），台北，天一出版社1979年版，第275页。陶文给人的感觉是杨去张旨在袒护胡刚复，其实内幕更为复杂。胡适在1928年6月15日的日记眉批中有这样一段话：“杏佛近几个月与刚复不睦，故早想去他，为稚晖挡住了，外人不察，以为杏佛袒护刚复，其实杏佛是借去张而并去胡也。”见曹伯言整理《胡适日记全编》第5卷，安徽教育出版社2000年版，第153页。
（6）“吴稚晖辞中大校长”《申报》1928年6月10日
（7）《申报》1928年6月18日
（8）《国立中央大学沿革史》中央大学秘书处编 1930年
（9）见上述许小青文
（10）《申报》1929年元旦
（11）《申报》1929年4月7日
（12）《申报》1929年4月21日
（13）《申报》1929年6月23日；6月24日
（14）《申报》1929年6月28日
（15）《申报》1929年6月30日
（16）《申报》1930年11月3日
（17）《申报》1930年11月2日
（18）《申报》1930年10月29日

张乃燕（中）赴比利时公使任，在船上

第7章

再次闯世界

驻比利时公使八面风光

-1-

从中央大学的繁忙中挣脱出来没多少日子，1931年，张乃燕被任命为浙江省政府委员，同年当选为国民会议代表，1932年又调任建设委员会副委员长。当时他叔叔张静江是建设委员会的委员长，这样的安排，可能是因为张静江身体健康情况欠佳，他去当副手，可以分挑些担子。可是刚干了一年，1933年5月，国民政府一纸调令下来，他又有新的差使了。

这回是外交使命——出任中国驻比利时公使。

这么说，又要出远门了，又要去欧洲了！

张乃燕谈到这件事似乎有些感慨万分："自五月二十日政府命令发表之后，余以建设委员会所负职务，尚待结束，故自八月起，方整备出国手续。""一九三三年九月十七日，余三十九岁足，亦得称之为四十初度。四十之年，孔子曰：'不惑'，然余则所惑滋多。虽自束发受书以迄于今，手不释卷，三十余年如一日，以云不惑，谈何容易，惟有志学而已。今者奉使海外之行，当更有足以增进学识者。溯余自留学出国至此次奉使出国，前后相距二十年；自返国后计之，亦十三年。此十三年中，中国外之情形，非复昔日比。虽得读报章杂志而随时知其变迁，终不如实地考察之为亲切有味也。矧余前者留学之时，夙拟作一世界之详细考察未果，故此次出国，自矢当达其目的。适建设委员会以考察法比两国建设事业相委，因呈准外部，俾便从事焉。"(1)

感慨归感慨，喜悦之情还是掩饰不住的。作为一生都在关注各国历史和世界格局走势的学者，张乃燕原本就有周游世界、考察世界、撰写世界史的夙愿，这回有希望实现了。整个六月、七月他都在抓紧移交手头的工作，直到八月才准备行囊。他查阅了邮船班期，从上海到威尼斯，只有意大利邮船行程二十四天，这在各国赴欧洲的邮船中是时间最短的。于是托可克旅行社代订康脱凡第号头等舱一间，价格是九十八英镑。按惯例外交官可以打九折，于是付八十八点四英镑。

可克旅行社的总部设在伦敦，在世界各大城市都设有分社，又与国际卧车公司合作，因此在欧洲大陆就合称其名，简称卧车可克，是当时世界最大的旅行社（中文名叫通济隆）。张乃燕是旅行行家了，与该公司多次打交道，该公司对其也另眼想看，他每到一地，该公司必派人招待，非常便利，所以旅途再长，对张乃燕来说，都不是难事。

行期越来越近了，按照惯例，张乃燕向当局及京沪两地朋友亲族辞行，人们都为他出国履新而高兴，纷纷相约为他饯行。

张乃燕的母亲蒋汝芝（居中），夫人邢景陶（右二）、妹妹张乃怡（右一）、妹妹张乃端（左一）在张乃燕家花园里

比利时驻华公使纪佑穆男爵及其夫人暨公使馆员等也来为其饯行，酬酢往还之中，张乃燕趁机了解了一些比利时近期的一些情况。中央大学和建设委员会的同事数十人，还专程从南京来沪送行，这使老张感到非常风光，也多少有些不安。

11月13日晚上十点，张乃燕辞别家人，与前来送行的人分乘三辆汽车驶向外滩，又改乘渡轮驶向意大利邮船康脱凡第号。比利时驻华使馆的人及一些前来送行朋友，已经在码头上等候，一切礼节均十分周到，及与之一一握别，已经近十二点了。船于第二天清晨五点起锚。

临出门时，他的母亲握着他的手送出门外，谈笑自如，毫无依依不舍之态，与他二十年前出国留学时没什么两样，张乃燕心下暗自高兴——老母亲有丈夫气啊！

-2-

无论如何，挣脱了尘网的张乃燕，已行驶在大海上了。

整整二十四天的海上生活，无官一身轻，无事更一身轻。他很久没这么放松了——尽情地享受着眼前久违了的海风、海浪、海鸟、海空，享受着一生中少有的清闲时光。他关注船上认识的、不认识的人们，关注着海上气候的变化、关注人们的穿着、举止和船员们的生活，玩味着不同的港口、码头和城市的美味、服务特色……他几乎不放弃任何一个登岸观光的机会，回船后就记下观感，因此他的《使西历聘纪详》厚厚六册，不仅记正事，沿途闲事也记了不少，的确是非常详细、很有兴味、很有心情的一部回忆录。

同船旅客来自中、意、英、德、法、美等二十二个国家，共计六百九十一人。中国人中，旧雨新知相半。外交方面，有新任中国驻葡萄牙公使张歆海博士夫妇[2]，驻比利时使馆二等秘书凌其翰博士夫妇[3]，驻西班牙使馆三等秘书胡世熙夫妇。在军队方面，则有陆军考察专员杨杰将军，汉阳兵工厂黄公柱将军及考察团团员董望翘等四人。张歆海夫妇原是张乃燕中央大学校长任内的英文教授，凌其翰是张乃燕亲自挑选的秘书，董望翘则是张乃燕在北京工业专门学校教书时的化学班的学生……一艘国际海轮上有这么多熟人，不算少了，一路上可知不会寂寞。

这一帮同行者中，只有凌其翰跟他一样，是前往中国驻比利时公使馆履新的。凌其翰早年在上海震旦大学肄业，1927年赴比利时留学，是卢汶大学政治学院外交系硕士、布鲁塞尔大学法学院海事立法专业硕士、布鲁塞尔大学法学博士，1931年回国后任上海《申报》国际评论员兼东吴大学法学院教授。张乃燕曾在报上多次看到他的国际时评，对他印象很好，是通过人事关系特意把他调来的，调动的过程尽管有些戏剧性的周折，毕竟最后成功了，所以彼此都很开心。[4]

张乃燕与船长

一路上张乃燕心情很好，他那书生本色不知不觉地又显现出来，那根深蒂固的考据癖又萌发了，就连这次乘坐的艘邮船也不放过。他写道：

"'康脱'，意大利文是伯爵之意，'凡第'是绿色，'康脱凡第'意为绿色伯爵。'康脱罗索'则意为红色伯爵也。康脱凡第为阿美第哇六世，姓萨服亚氏，即今意大利王朝之先世，生于1334年，死于1383年，曾奉教宗乌尔朋五世之命，参加东征巴勒斯坦之役，金戈铁马，大显英勇。归国后，又助法军战胜那波利军，死于疫。生平爱好绿色，自服装以至于居室，无不绿，故人咸以绿色伯爵称之。子阿美第哇七世，生于1360年，死于1391年，亦一名将，屡经战役，占领尼斯，使萨服亚得通地中海，扩展版图，功勋灿然。因为爱好红色，故人咸呼之为红色伯爵。二船之命名，盖所以纪念阿美第哇父子也……"(5)

接下来，又有对该船的技术上的说明和考证，如自动控制设备如何，汽轮机如何，燃油量如何，马力多少，吨位多少，舱位几等，各等的设备如何……不厌其烦，不厌其细，一一记下，娓娓道来。恐怕整条船上的人，拟或在这条船上工作了多少年的人，都不会有他这么起劲。

讲到他这个公使大人享用的头等舱，也很有意思，如今可作古董邮船来参观一下："曰一等在船中部，一人或二人一室，有连私人浴室者，亦有不连者，惟连私人会客室者，则只有二套。曰二等在船后部，二人或四人一室。曰经济二等，在船前部，四人一室。所谓经济二等，实即三等，改名二等而冠以经济，所以示优异也。此外尚有甲板旅客，夜寐覆毯于船首甲板之上，夙兴则卷起。一等有客堂二，食堂一，皆饰以名贵之壁画，精细之雕镂。自客堂下楼至食堂，中悬大油画一幅。一少年骑于马上，英姿勃勃，绿衣绿帜者，即绿色伯爵也。船上烹调多浓味，中餐常供面食，和以干酪之粉，番茄之浆，是为意国之特肴。晚餐尤精美，一等舱旅客须衣常夜礼服赴晚餐，斯则国际惯例然也。客堂之上，有冬园，中列常青树木，音乐队奏乐于是，旅客舞蹈于是。举凡船上之各种消遣，打纸牌也，跑木马也，跑棉狗也，莫不举行于是。室外运动，如游泳，射泥鸽，掷绳圈等，则常于甲板上举行。电影每二三日放映一次，在客堂之内。过热带时，则改在甲板之上。二等及经济二等之设备，均简而美。各种游戏，亦皆应有尽有。一等舱顶有无线电台，不特可通无线电报，且于相当距离时，亦可通通无线电话，惟其价较昂耳。”[6]

邮船沿途靠岸后需补充给养和保养设备，乘客则则可上岸游览。张乃燕一行是外交官，凡是到了有中国驻外使馆的城市，总会有人出来接待，为这一路增加了不少文史含金量。

船到达菲律宾马尼拉时，中国驻马尼拉总领事邝广林先生上船迎接，然后带他们乘车环游岛城。张乃燕对于菲律宾的历史和民族构成也如数家珍，还指出菲律宾1898年革命军首领阿基纳图的外祖父是中国人。

船靠新加坡时，中国驻新加坡总领事刁作谦[7]上船来迎。张乃燕与刁氏早就相识，异国逢旧友，自是相见甚欢。刁总领事引领他们一行人下船，亦是分乘三辆车，环游全城，并在南天酒家设宴招待，“馔肴丰隽，宾主尽欢”，然后上船。上船时码头上小商小贩云集，非常热闹。张乃燕已经上了船，发现小贩中有卖马六甲手杖的，他知道这是当地特产，复又下船去买了一根，留作纪念（这或许是张乃燕收藏手杖的开始。三十三年后的1966年，“文革”中“扫四旧”的时候，张乃燕早已去世，造反派在他家三楼的箱子间里，竟发现了一整箱子各国手杖，此为后话）。南洋一带气候多变，刚一上船即大雨如注，刁总领事在码头上，高撑黑伞，扬巾而送，张乃燕感其诚挚，为之歉然久之。

然后，他们的“绿伯爵号”驶向哥伦布和印度。这一路比较值得纪念的是他们到达印度孟买时，拜访了世界级大文豪泰戈尔先生。

当时中国在孟买只设副领事馆，而该副领事缺久悬未补，于是由秘书丁振武代其事。丁秘书照例上船来迎，然后乘车游览市容。张乃燕对于孟买的历史知道也不少趣闻，如这个地方原是印度西部的一个海岛，后来修筑了堤道与印度大陆相连，当国者不甚注意其地，于是被葡萄牙人于1534年占领。一百多年后的1661年，葡萄牙公主卡得琳嫁于英国王子查理二世，孟买就成了公主的嫁妆，于是才改隶英国。1668年，查理二世把它出租给东印度公司，年只收租金十磅，可知并不拿其当回事。1669年，当地督理才认真打理。转眼二百多年过去了，孟买已经成了西部海滨第一大商埠。

同行的张歆海公使也是一个世界通，对于各国情况及近世发展了如指掌，他与夫人跟泰戈尔是旧识，对张乃燕说，泰戈尔先生现在正在孟买讲学，有没有兴趣前去拜访一次？张乃燕当然高兴，他认为印度名人，首推甘地，次为泰戈尔，是世界公认之文学家与哲学家。他们驱车来到泰戈尔先生的住处，那是一栋欧洲式的巍巍大厦，尤如王宫。

张乃燕记道："投刺后，阍者引余等上楼，入客室。客室极广敞，陈设华丽。坐未久，泰先生徐步而进，先于张公使及夫人握手，张公使旋为余等介绍，皆以握手为礼。盖张公使及夫人与泰先生为旧识也。泰先生躯干修伟，虽七十许人，而挺立如少壮，披棉质长衣，跣足而素鞋；长发向后垂，长须掩口，胡髯长几及尺，皆银色；广颡隆准，两目奕奕有神，一望而知为富于思想之人。泰先生延余等对面坐，以英文相谈。所谈者，印度事而外，旁及中国事与国际事。未几，余等起立离座，便张公使及夫人得与泰先生纵谈叙旧。泰先生之秘书某君，导余参观各室。据云，大厦为某郡王之产，因郡王与泰先生相友善，故泰先生一抵孟买，即延之下榻。泰先生寝室，在客室后面，亦甚宽广，顶上悬大电灯，三面陈椅，一面置铜床，皆欧洲式。床前有小桌一，中置大瓷盆，满盛葡萄，盆侧有书籍数册。想见泰先生入此室处，居移气，养移体焉。

泰先生为孟加拉省人，本贵族之裔，生于1861年，幼即嗜文学、哲学，壮而游学英国，学法律，返印度后，又从事于文学著述，诗歌、小说、戏剧，均脍炙人口。诗歌已制成谱曲，孟加拉一带妇孺皆习唱之。其他关于文学、哲学之著述，或径以英文撰，或译成英文，以故泰先生之名拨于世界。1913年，曾得若贝尔文学奖金。其生平之最大事业，为1901年创设和平学院于卜尔普，1921年改为国际大学。

忆泰先生于1924年在上海讲学，曾揭橥其东方精神文明学说，吴稚晖先生为文十余篇，载之《民国日报》与之有所商榷。时余他适，未及聆泰先生之讲学。今道出孟买，始得一瞻风采。然私心揣度，泰先生之抵孟买也，必乘火车，其在孟买讲学或访友也，必以汽车代步，夕阳西下之后，其在寝室阅书、撰稿也，必启电灯，是数端者，固皆西方之物质文明，而泰先生之所不拒者也。

参观既毕，复进客室。须臾，张公使亦与泰先生谈竟，乃同向泰先生握手而别……”(8)

这段话说得彬彬有礼，无论是描述还是论述，对泰戈尔的崇敬之情均跃然纸上，但也穿插了一点小幽默，即用泰戈尔本人日常生活中享用的西方现代物质文明成果，来对照他学说中对西方物质文明的否定。这一点，充满智慧的泰戈尔先生，不知觉察到没有。

船继续向西行使，经过苏伊士、埃及、开罗到威尼斯，再转乘火车到巴黎。一路上张乃燕大过了一把旅游瘾和文史考据瘾，每到一地，总要把人家老祖宗的来龙去脉和历史变迁搞清楚，笔下文字也汹涌如江河，如“苏伊士运河溯前”、“埃及上下六千年”、“新太阳城与旧太阳城”、“开罗之游并吊金字塔”、“夜游萨伊特埠”、“勃林第西之散步”、“威尼斯登陆”、“巴黎十日”，动辄数千字，有的竟数十页，不这样侃尽说绝，他会不甘心、不舒服的。

在巴黎，他需治装，也就是定做公使大人所必须穿的公使礼服。西式礼服非常讲究，定制过程中要试穿几次，时间耽搁得长，秘书凌其翰因在国内已经购置了一套旧的外交礼服，就先赴任去了。在巴黎逗留的过程中，张乃燕趁机前去访问了他叔叔张静江当年创办的通运公司。该公司在巴黎前后搬迁过三次，张乃燕去的时候已经搬至圣乔治广场，是栋三层大厦，主持人恰是他的南浔同乡汪士奇，还是他的小学同学，

1933年赴欧洲途中游埃及金字塔，左起：张乃燕、胡世熙、胡世熙夫人、凌其翰、凌其翰夫人康素以

南浔正蒙学塾的同学。异国遇同乡，自是别有一番滋味在心头，只是当时张静江早已回国，通运公司的生意已经风光不再了。

-3-

直到1933年11月19日中午，张乃燕才到达比利时首都布鲁塞尔，使馆人员和中国留学生、华侨商人及比利时朋友共五十余人到车站欢迎。

中国驻比利时公使馆在布鲁塞尔的夏克将军大街19号，是栋五层楼的花园洋房，这个地方在比利时使馆区内，周边街道宽敞，建筑整齐，路边夹道大树，大多高过楼顶，环境十分幽雅，时值冬季，重雾掩日，更显得非常清寂。

新上任的公使大人公务十分繁忙，虽然当时并没有棘手的外交事件和复杂的侨务纠纷，但是按照惯例，他必须分别觐见国王、王后，递交国书；觐见王储、王妃；觐见首相、外交大臣；会见其他各国驻比利时的大使或公使；会见比利时当地的各界著名人士，包括在野党的著名人士；还要出席各种集会和宴会。有时一天中要安排好几个节目。欧洲人非常看重礼节和规矩，张乃燕丰富的历史知识，以及对西方风土人情的熟悉，加上流利的英文和法文，使得他在外交公务中应付裕如。

说来有些难以置信，当时的中国政府由于办公经费短缺，在张乃燕到任之前，公使馆的房屋和设备均显陈旧，而且设备不全。公使馆的房子是1920年北洋政府时期买下的旧房子，至今没有整修过。全馆人员除了他和新任的秘书凌其翰有外交礼服，其他人均没有礼服，所以正式的外交活动其他人均不能参加，只能由他们二位出场。刚到任的几天，由于生活用品也不全，他还住了几天旅馆，等配备停当后才入住。为了改变中国公使馆的形象，张乃燕不惜下车伊始就向外交部打报告，申请经费装修使馆房屋，还花了二万四千法郎买了一部自备轿车，法国蓝瑙牌。中国新任公使穿着黑色镶金的外交制服，配上一辆铮亮的名牌轿车，形象自是焕然一新。

1934年1月15日是向比利时国王亚尔培一世递交国书的日子，中午十一点，张乃燕与秘书凌其翰一起前往，比利时王宫派专车二辆前来迎接。那天亚尔培一世身穿棕黄色的军装，襟上挂满了各式勋章，神完气足，立于王宫大殿中，他身边靠后几步是外交大臣希孟斯，身穿外交制服，胸前也挂满了勋章。

张乃燕率凌秘书向国王行鞠躬礼，国王答礼，并与之握手。张乃燕介绍凌秘书，国王亦与之握手。张乃燕说："我以特命全权公使驻劄贵国，今日觐见，呈递国书，不胜荣幸，尚

参观欧洲名胜古迹，右五张乃燕

吴稚晖写给张乃燕夫人邢景陶女士的对联

望陛下多方提携，务使中比邦交愈益增强。”随即呈递国书并译文，国王亲自接受。又呈递前公使王景岐之召回国书并译文，国王亦亲自接受，然后交给外交大臣。

国王亚尔培一世说：“阁下代表中国驻剳比京，深为庆幸。中比邦交，素称亲睦，阁下以科学家、历史学家、曾任中央大学校长之资格，驻剳比国，行见中比文化关系，益形密切，不仅增进两国邦交已也。”

接着国王问道：“阁下曾到过比国吗？”张乃燕回答说：“我过去在欧洲留学，曾于世界大战之前到过比国，不久大战爆发，陛下亲自率领全国将士，奋勇御敌，经过四年的浴血奋战，终于光复国土，世界莫不景仰。我在欧洲，见识更确凿，已经写入我所撰写的《世界大战全史》，藉以永志不忘。”他非常自然地、不露斧痕地把眼前的国王恭维了一番，也巧妙地提到了自己的得意之作《世界大战全史》，无形中证明了自己的“含金量”，一番话，真是一字不多，一字不少。

国王点点头，又询问中国留学

生的情况。张乃燕回答说：“中国留比学生现有二百人，大抵皆好学奋发之士。已经毕业回国者，皆能出其所学，贡献于社会、国家，即其例证。”国王说：“比国幅员不广，而中国留学生竟有二百人之多，两国邦交之亲睦，于此可见。”

从王宫大殿出来后，王宫参军长又把他们引入后殿大厅，因为王后伊丽莎白的接见安排在后殿。

伊丽莎白王后身穿全白色的王后服，立于后殿正中，后殿大礼官格留纳伯爵侍立于后。张乃燕与秘书凌其翰照例向王后行鞠躬礼，然后稍进，请安。王后与他们握手。张乃燕说：“陛下慈祥素著，欧战期间，看护伤兵，救济贫乏，不特比国全国爱戴，即远东之中国亦深敬佩。”其实此时离第一次世界大战结束，已经十五年过去了，或许那场战争给张乃燕的印象实在是太深刻了，他动不动就提起了欧战。也好，这样方便道出他对王后的了解，否则，该怎么恭维她呢？

王后说：“阁下为一著名学者，精通科学，擅长历史，驻剳本国，至为欢迎。中国文字与比国迥异，而阁下法语流利，实属难能可贵。希望阁下驻剳任内，一切皆甚顺遂。”聪明的王后及时地道出了他的优点。

沈衡致张乃燕

郭沫若致张乃燕

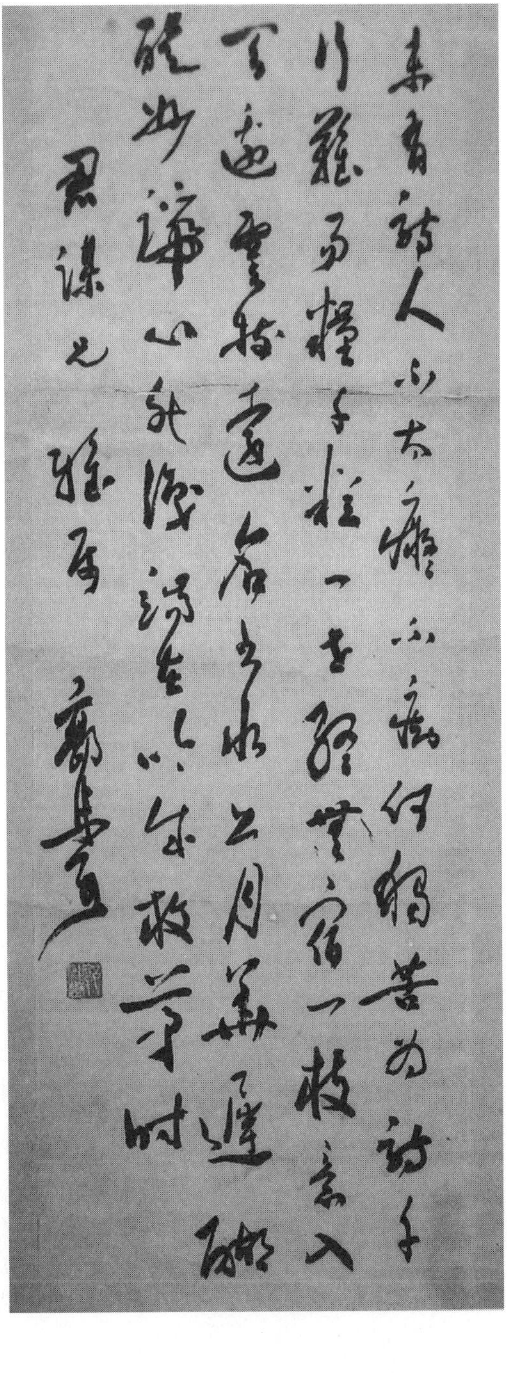

简短的会见结束后，张乃燕二人鞠躬肃退出殿，仍由王宫参军长、大礼官、后殿大礼官等引导，出宫门，然后由参军长护送登宫车回公使馆。

下午，他又率秘书凌其翰与陆军学员王观洲去无名英雄烈士墓献花圈，静默致敬，然后出席由比利时王国国防部安排的招待会。

1934年1月26日中午，是觐见比利时王储来和保及王妃阿斯脱里的日子。至时，张乃燕与凌秘书穿常礼服，按王储预先指定的时间，来到王宫左侧的太子宫。觐见时，秘书被留在客厅里，太子侍从长延张乃燕一人入殿。王储和王妃也穿常礼服，王储左，王妃右，并肩向外立。

张乃燕向他们鞠躬，王储、王妃还礼，并与之握手。张用法语说："承两殿下延见，甚为荣幸。"王储也用法语，答曰："阁下以中国学者驻劄比京，至深欢迎。我听说阁下对于欧洲情形甚为熟悉，未知亦曾到过比国没有？"

张乃燕在王储面前似乎精神放松了许多，他话匣子一旦打开，似乎有点收不住了，先是大谈中比友谊："比利时王国是我旧游之地，非常熟悉。中比关系，发生极早。追溯到南怀仁神父当年为中国造天文仪，已经将近三百年了。近代以来，中国的平汉铁路、陇海铁路的建筑，从经济与技术上而言，两国关系，至为密切。当世界大战爆发后，中国亦仗义参加，袒护联军。那时我正好留学欧洲，无日不盼望公理战胜强权。果然，亚尔培王陛下经四载之艰苦奋斗，最后终于光复故土，其事迹为全世界称道敬佩。大战以前，我就曾到过贵国，在英、法、瑞士三国读书时结交过贵国人士，都是心地中正、爱好和平者，我们相处得很愉快。”张乃燕动辄就要讲到世界大战，在表扬亚尔培国王的同时，还顺便把中国的立场表扬了一下，尽管当时中国对敌宣战了，实际上并没有出兵。

王储很平静地听完了他的长篇大论，说：“阁下这么熟悉比国，真是太好了。中国是文明古国，相传至今，源远流长。过去我周游列国，到过很多国家，独未到过中国，真是遗憾。以后若有机缘，应当前去一游。”这时王妃用法语接着说：“我也非常爱慕中国，非常想前去旅游，不知到中国旅游，有什么困难吗？”

张乃燕来比利时之前，刚从建设委员会副委员长的职位上卸任下来，他对于全国的交通建设情况太熟悉了。于是又一番滔滔不绝起来：“大凡中国的重要城市，大多都通铁路，近年来交通更是突飞猛进，不仅公路上汽车络绎不绝，而飞机环游全国，亦是寻常事也。重要城市的旅馆，都是最新式的，所备菜肴，也属精细，大体建筑，虽与欧洲不同，但是自有其特殊的风味。殿下如能光顾，则中国政府与人民，肯定会竭诚欢迎的！”

最后，王储还是言归正传：“希望阁下驻割任内，一切顺遂。”说完，伸出手与张握别，张乃燕肃退告辞。他回来记道：“王储、王妃皆躯干高大，而清癯。王储英俊倜傥，彬彬有礼；王妃温文淑静，举止娴雅，诚天生佳偶也。”

自呈递国书以后的一个月间，张乃燕几乎每天都在忙于循例访问，除了王室，还要拜访参议院议长第业甫先生，众议院院长庞斯基先生，首相波罗格维尔伯爵，各部大臣，布鲁塞尔市市长麦克斯先生，外交团首领罗马教教廷大使米加拉大主教，各国大使、公使，教育家、实业家，及在野名流樊迪文先生，计有三十多人。这是每一位新任公使的必修课，总体还是顺利的，惟有在拜访首相波罗格维尔伯爵的时候，发生了意外。

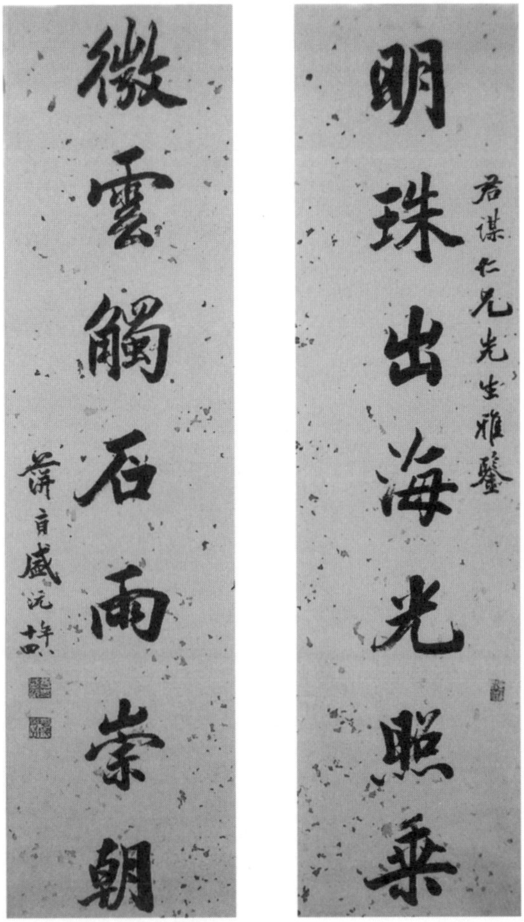

盛沅致张乃燕

拜访首相，原约定于2月1日上午十时，是时张乃燕依旧偕凌秘书如约前往。走在途中时，凌秘书发现忘记带地址，而司机又是从外地来的，对于首都的道路并不是太熟悉，只好再回去拿地址，按说仍能追及约定的时间。车到一栋大厦前，见有一黑人门卫立于门外，凌秘书下车，上前问了几句，确定是这里，就手招公使大人一起进去了。到了里面，凌秘书出示公使名片，侍者先叫他们在客厅里等候，过了一会儿，领他们走进一间办公室。就在这个时候，张乃燕发现，前来握手的并不是首相波罗格维尔伯爵，而是1935年布鲁塞尔博览会筹备会的主任比尔克伯爵！因为

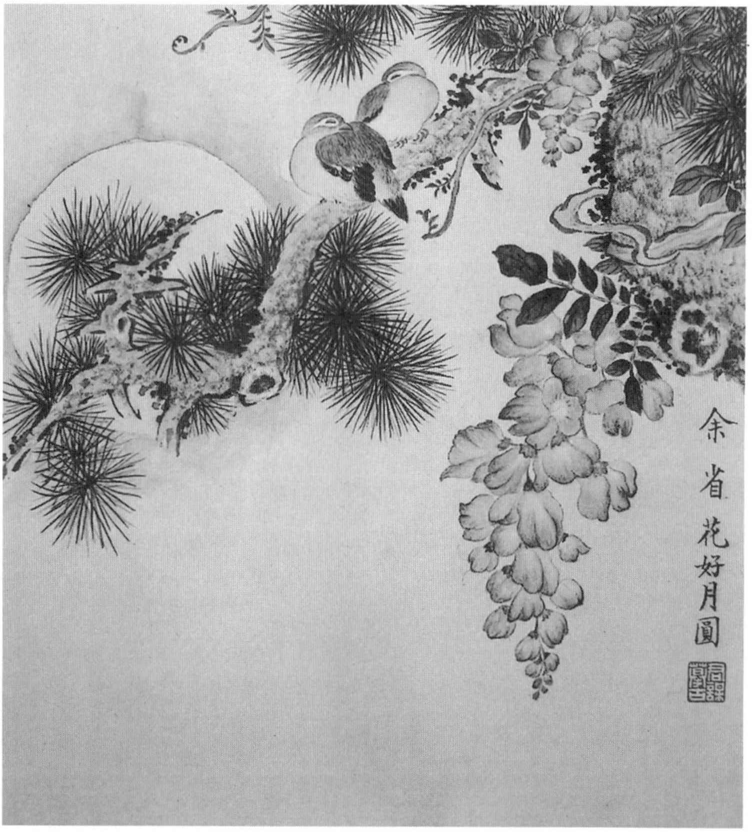

张乃燕临摹花鸟画

他们两个人的照片，张乃燕在当地的报刊杂志上已经都看到过了。现在已经来到人家面前了，不能打退堂鼓，只能将错就错地走上去。他与该筹备主任稍事寒暄后就退出来了，然而与首相约定的时间已经错过了，不得已只好回使馆，用电话与首相府的秘书联系，向首相道歉，并请重定日期和时间。

首相重新约定第二天上午十点接见，届时张公使当面致歉，重申昨日的错误。首相大人非常客气："误记地址嘛，寻常事也，不必太介心。"他们约谈了十多分钟，然后告辞回馆。

回馆之后，他把昨天的事情调查一下，才知道，首相府在法律路 28 号，而博览会筹备处在艺术路 28 号，两条马路成直角形，两栋大厦相距仅咫尺！想不到这咫尺之差，竟造成了一次工作失误，这当然是不能原谅的。张公使对此事十分懊恼，好在他对比利时政界的情况熟悉，一瞬间就看出来者并不是首相，马上作出了相应的调整，否则不是闹出大笑话了吗？然而，这件事还是引起了他的警惕，他在记叙这件事情的最后用了这样的话："不谓咫尺间之隔阂，歧而又歧，竟有人借径焉以媒蘖余之短也！"(9)

显然，他是在怀疑别人在存心跟他捣乱，出他的洋相。那么这个人是谁呢？张乃燕在文章里没说。事实上，有可能是新来的驾驶员对街道路名不熟悉造成的，当然秘书也有责任，起码在进大楼之前就应当弄清楚，这个"衙门"是个什么"衙门"，怎么能把首相府跑错呢？半个多世纪以后，当年的二秘凌其翰在他的回忆录中也谈到了这件事情，认为自己有责任。但是他们谁也没想到，当时还真有人跟他作对，就在他们公使馆里，不过不是二秘，而是三秘，叫王德炎，是北方官僚王揖唐的儿子（他们父子后来在抗战之中都沦为汉奸）。他把这件事与另外一些事搅在一起，都向南京外交部密报了。

张乃燕临摹古画

凌其翰在回忆录中说："张公使呈递国书后，按照外交礼节，应作一系列的到任拜会。首先拜会首相，我仍陪同前往。由于我的粗心大

张乃燕的书法立轴

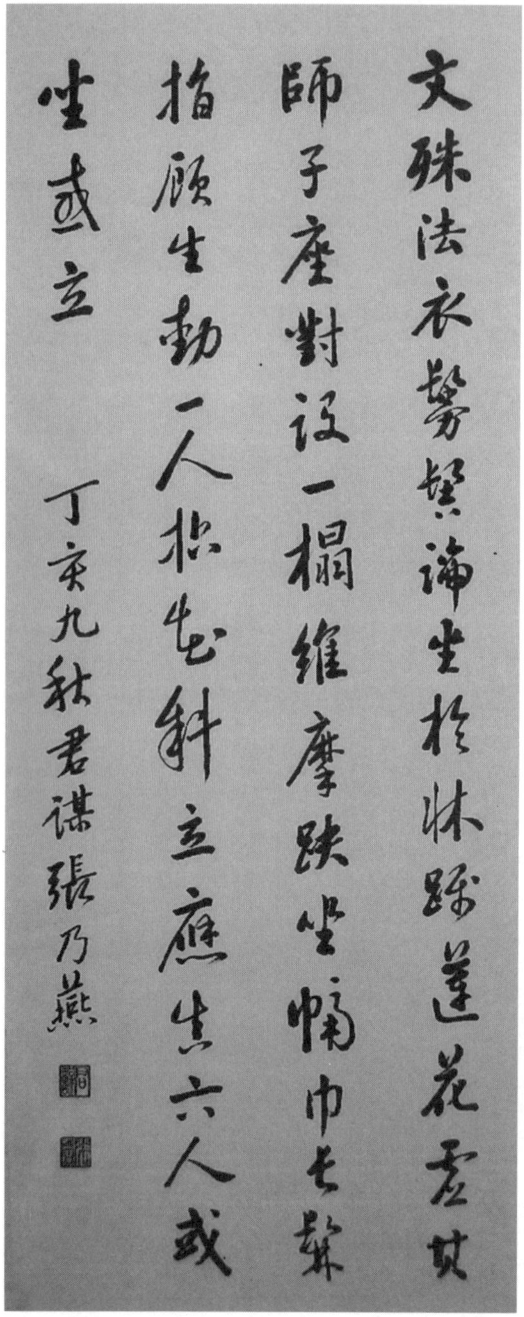

意，同时对布鲁塞尔政府区的街道也不熟悉，以至领着张公使错走到首相官邸隔壁的比国国际博览会督办公署去了。待发觉后退出，则已超过首相约定的时间。此事我难辞其咎。加以张公使到达比京时，摄影记者曾拍下车站的欢迎场面登在比国报纸上，将我妻康素以误注为大使夫人。三等秘书王德炎谋升二秘不成，怀恨在心，就把以上二事连同简报，作为物证，冒充留比学生会的名义，向南京外交部提出控告。直等张君谋去职后，南京外交部典职科才把收到的控告材料寄交驻比使馆彻查。经我将控告材料上所盖印鉴（有‘留比同学会’字样）交私家侦探调查，结果证实图章是王德炎的妻子订购的。由于王德炎是王揖唐的长子，南京外交部就把王德炎调任驻西班牙公使馆三等秘书了事。”（10）

从中可知，张乃燕的周围并不是太平无事的，又可见当时官场的种种微妙现象——王德炎向外交部状告张乃燕，而外交部并不马上调查，而是到了张乃燕离职以后才作调查；调查的结果证明是王德炎盗用了留比同学会的名义告的状，但也不捅破，就把

张乃燕临摹人物古趣

他挪一个窝了事。大家心理明白怎么回事，但是表面上全都在装傻！

那么王德炎作为公使馆的三秘，为什么要跟公使大人捣乱呢？凌其翰的回忆录里也说得明白，因为在张乃燕赴欧履新之前，王揖唐曾写给张乃燕一封信，为其儿子王德炎说情，当时王德炎已经在驻比公使馆任三秘了，请其提拔他当二秘。而张乃燕并不了解王德炎，对王揖唐不仅没有什么交情反而还讨厌，所以根本没理这个茬儿，给回绝了。这下王德炎自然心怀不满，经常打打小报告，破坏公使大人的形象。

不过这种小报告打得多了，还是发生了效应的，这是后来的事情。先天的不利因素早就潜伏在那里了，因为汪精卫当时兼外交部长，汪精卫与王揖唐是一条贼船上的人，王揖唐在汪精卫面前说坏话完全是有可能的，但是书生气的张乃燕，防人之心还没生出来，他只会打“正面战争”，暗箭不会防，于是出了更大的问题，这是后话。

-4-

1934年2月18日上午九时，张乃燕已经穿好了制服，将赴圣求竇尔教堂参加教宗比阿十一世诞辰诵经典礼。正准备出发，忽然凌秘书匆匆上楼来报告，刚才接到教廷大使馆电话，比利时国王亚尔培一世已于昨晚逝世，今晨的圣求竇尔教堂的典礼不举行了。

张乃燕闻讯大吃一惊，一个月前递交国书，见国王身体强健，神采奕奕；两周前的王宫大舞会上，还与大家谈笑风生，怎么会突然逝世了呢？于是赶紧换下制服，换上常服，四出探听消息。

那天是星期日，各机关不办公，又走访几位比利时朋友，也都外出不在家。这时，大概国王逝世的消息已经传入民间了，街头巷尾，市民三五成群，相对嘘唏，议论纷纷，有的俯首急奔，若有所失。下午，他再次外出打探消息，街上各大报纸已出号外。第二天各晨报，刊登了详细的消息——原来是一个意外中的意外！

原来比王亚尔培一世向来喜欢运动，在公务之余常常自己开汽车或开飞机，尤其喜欢登山运动，每年要去一次去瑞士登阿尔卑斯山，是欧洲著名登山专家。阿尔卑斯山多峭壁，国王常身穿登山服，手持攀崖绳索冒险攀崖，先把绳索高高抛上去，勾住岩石，然后援索而上。到达这块岩石后，再高抛绳索，如次往复，最后抵达山顶。

前几天他原定要去瑞士的，因事未能去成，于是于17日下午只带一名侍从，亲自驾车从布鲁塞尔前往阿尔丹森林附近的夫人街。那个地方距离那米尔三里许，并无高山，在国王眼里只是一些堆积的岩石而已，虽远不及瑞士的高山，然亦聊胜于无，将就着爬吧。他决定独自上去，命侍从五点钟的时候前来候驾。

可是届时侍从并不见国王下山，而天已近薄暮，于是叫上三个老百姓，手持灯火前去寻找，没找到，于是赶紧打电话到宫廷。宫廷大惊，派员即到，四处搜寻，至18日凌晨2点，才从乱石丛中发现了国王。国王仰卧在地上，攀岩的绳索仍绕在身上，但是脑浆迸流，人已去世。那岩石的顶端大约一百六十多米高，显然是坠崖后脑部触尖石而致。顷刻间，消息传遍，举国震悼，整个比利时浸入巨大的悲痛之中，各国外交使节也空前忙碌起来。

张乃燕立即安排使馆下半旗致哀，同时致电我国外交部报告详情，又赶到比利时外交部，会见比利时外交大臣希孟斯，代表中国政府及他本人致悼。然后又来到王宫签名，唁王后及王族。下午，接到了国内林森主席的唁电，当即亲自携往比利时外交部。当晚，亚尔培一世在欧战中所统帅之将士与布鲁塞尔拱卫军，护送梓宫入王宫，以供国人和外国人凭吊。

21日下午是各外交使团凭吊的时间，张乃燕代表林森主席敬献了花圈。

这时，欧洲各大报刊都以大幅版面刊载亚尔培一世的传奇人生。也有几家报刊前来采访张乃燕，请他谈谈对他们国王的感想。张乃燕面对记者侃侃而谈，还专门撰成一文，发表于

《自由比利时》报上。文章写得很有感情，充满了对国王人格精神的崇敬，绝非一般外交辞令，他写道：

“余对于贵国国王之印象最深。当1914年战祸袭至之时，余适留学欧洲。贵国国王之演讲辞，如狂风暴雨中之闪电，照满全天！记得其演讲辞中有这样的话：‘余以手足之情谊，致敬于坚决保卫祖国的青年……勇敢与团结，实为全比利时人民不可缺少之德行。如果有人敢犯我比利时之寸土尺地，我全体比利时人民，将立即听命于永不背誓之元首……余深信凡一自卫之国家，必得举世之尊重，其国家绝不会被淘汰！’当时余诵其言，颇为感动。继而王束装从戎，与士卒共甘苦。法国政府曾邀其往为寓公，王辞谢之，愿与民众共守最后之疆土，正所谓效死而勿去者耳！王最后在1918年于佛朗特下令反攻，举全告地而光复焉。时余在欧洲，所闻如身历其境。1919年余归国，撰《世界大战全史》于1923年在上海出版。亚尔培

张乃燕（披斗篷者）出席比利时国王的葬礼

王不朽之功勋，亦皆笔之于书中，敝国人民亦得以景仰焉……亚尔培王伟大之事迹，实为人类争光；其不朽之纪念，将为全人类所共有。不惟贵国人民所独有；亦不仅大战中联军诸国所崇拜，即远东民族，亦无不景仰之也！昨天贵国前外交大臣樊迪文先生追述王之遗札，其中讲到，国王对于敝国极感痛苦之不平等条约，深表反对。故敝国之对王，益将永志不忘也！呜呼！贵国人民之哀痛深矣。昨日之夜，无名英雄纪念碑旁，人民之呜咽失声，余亲闻之；人民之涕泗滂沱，余亲见之。余亦不禁随贵国人民之哀痛，而洒一掬同情之泪也……”(11)

第二天，张乃燕代表中国政府，参加了长达七个小时的比利时国王的葬礼。整个送葬的队伍有各国人士两万多人，绵延十余里，张乃燕记叙了全过程。几天后，比利时新国王登基，我国政府派当时的驻法国大使顾维钧博士为专使出席，张乃燕作为副使也参与了全过程。

注释：
(1) 《使西历聘纪详》（第一册第二章）张乃燕（手稿）1937年
(2) 张歆海（1898－1972）字叔明，浙江海盐人，徐志摩的前妻张幼仪的哥哥，美国哈佛大学留学生，曾任国立东南大学外文系主任、国立中央大学文学院院长，1928年开始从事外交工作，先后出任驻葡萄牙、波兰、捷克斯洛伐克公使。1941年赴美国定居，1972年回到上海，在上海病逝。
(3) 凌其翰（1906－1992） 法学家、职业外交官。早年在震旦大学肄业，1927年赴比利时留学，1929年获卢汶大学政治学院政治外交系硕士学位，次年获布鲁塞尔大学法学院海事立法专业硕士学位，1931年获布鲁塞尔大学法学博士学位。同年回国，后任上海《申报》国际评论员兼东吴大学法学院教授。1933年任中国驻比利时公使馆二等秘书随张乃燕赴比利时，回国后任国民政府外交部国际司科长、专门委员、礼宾司司长、驻法国公使。1949年10月与法国大使馆部分人员通电起义，1950年回国。历任中华人民共和国外交部专门委员、中国人民外交学会理事、外交部法律顾问、外交学院兼职教授、欧美同学会名誉副会长、民革中央常委会顾问、中央监委常委。1956年加入中国共产党，是第二至第四届全国政协委员、第五至第七届全国政协常委。《国际条约集》（1648－1971）主编。著有《我的外交官生涯——凌其翰回忆录》，1992年在北京去世。
(4) 《我的外交官生涯——凌其翰回忆录》凌其翰 中国文史出版社 1993年
(5) 《使西历聘纪详》（第一册第二章）张乃燕（手稿）1937年
(6) 同上
(7) 刁作谦（1880－1974）字成章，广东兴宁人，英国剑桥大学留学生，从1912年起步入外交界，先后出任驻古巴、巴拿马、新加坡总领事。
(8) 《使西历聘纪详》（第一册第二章）张乃燕（手稿）1937年
(9) 同上
(10) 《我的外交官生涯——凌其翰回忆录》凌其翰 中国文史出版社 1993年
(11) 《使西历聘纪详》（手稿）张乃燕 1937年

在柏林动物园，张
乃燕与小熊小虎

第8章

寰球旅行家

五百多座城市尽收眼底

张乃燕似乎天生喜欢旅游，他一生或读书，或工作，或旅游，共到过三十六个国家，大约五百多个城市[1]。每到一处，他总是把当地的历史古迹、政教风俗、文化传统、工农业物产等详加考证，把所到城市的种种细节记下来。他的观察非常细心，连身边琐事、街边小景、气候特征均不放过，还把印有当地风貌的明信片寄回国内，留作纪念。据他的孙子张文嘉说，原先他家中保存了数百张祖父当年从国外寄回来的明信片，非常好看，亲戚们也都以为稀罕，可惜“文革”中都被毁掉了。

张乃燕出使比利时的时候，建设委员会也有任务给他，要他顺便考察一下法国和德国的工业。他原本担任建设委员会副委员长，熟悉国内建设事业的需要，考察发达国家的工业是在情理之中的。但是他旅行所到之处，远远超出了法国和德国的范围，他的目标大概是整个欧洲，而且考察的内容，也决不局限于工业，而是政治、经济、宗教、历史、文化、风俗、物产等，全方位地进行，而且，时不时地还要把当下的欧洲与第一次世界大战时的欧洲作对比。以至于笔者私下猜测他的本意，照他的学者本性，可能是想写一部《欧洲史》或《一战以后的欧洲》之类的著作。这真是书生意气，本性难移！

中年张乃燕

从这个意义上说，他的旅行绝非一般意义上的旅行，也不完全是作实业调查，看看他记下的文字便知，

这是一位历史学家在与欧洲的历史和现实对话。为了这项工程，他把所有的冷眼、妒忌和诽谤全抛在了脑后。

当年他留学欧洲的时候，周游了半个世界，到过英国、法国、瑞士、比利时、意大利，往返的路上还游览了新加坡、哥伦比亚、美国、加拿大和日本，这次在比利时公使任上有工作之便，他要补上其他的"空档"。

他先是南行到了意大利、圣马力诺、梵蒂冈、希腊，这期间，他游览了米兰、威尼斯、海湖、佛罗伦萨、罗马、雅典等城，还在驻意大利公使刘文岛[(2)]的陪同下，在威尼斯宫见过当时所谓的黑衫首相墨索里尼。刘文岛是个很有魄力、很有故事的外交官，与墨索里尼的关系非同一般，跟希特勒也"交情"不浅，有一次在宴会上竟用酒把墨索里尼灌醉了，弄得他洋相百出，在西方世界传为大笑话。张乃燕在梵蒂冈的时候访问了罗马教教宗比阿十一世。他非常感慨，梵蒂冈这么个小国，竟有世界上最大的教堂和最大的宫厦，简直不可思议。

然后向东走，到了土耳其，游览了君士坦丁堡和安卡拉新都，研究了希腊教与罗马教分裂的经过，访问了土耳其总理伊斯美巴沙、外交部长刘希兜培，还访问了希腊教教长福锡阿斯二世。

然后向北走，访问了保加利亚、南斯拉夫、罗马尼亚、匈牙利、捷克斯洛伐克和奥地利。讲到匈牙利的时候，他那根深蒂固的考证癖又发作了一阵儿，从我国古代的匈奴民族说起，讲到西征，讲到罗马帝国的崩溃，一直论述到眼前的匈牙利。

最后，他来到德国。在整个游历和考察过程中，张乃燕最为注重的是德国的情况。他的《使西历聘纪详》书稿共有六册，关于德国一国的情况就占了其中一册。整个第六册

（二百八十六页，计六万七千字）全是写德国的，从德意志民族的源头到第一次世界大战爆发；从历代的统治者直到当下的希特勒，无不详尽论及。可以看出，他对德国始终保持高度的警惕，因为他当时就已经看出，德国是个充满火药味的地方，非常危险，说不定什么时候又要爆发战争，他必须前去一探究竟，甚至到德国的其实也是世界的、当时最大的军火生产基地克虏伯钢铁公司去查看一下。

他用一连串的数字来概括德国的情况："今柏林之面积为三百四十平方公里，在世界各大城市中，名列第一。计柏林又有火车站十三，船坞九，飞机场坦波尔霍夫，为世界之最大者，欧洲铁道二十五线，航空二十线，交叉于柏林。又当1688年时，柏林之居民只有二万，至1833年，增至二十五万，至1933年，增至四百二十万，在欧洲各大城中，列第三，其发展之速殊足惊人。"(3)

张乃燕于1934年6月26日抵柏林，下榻柏林最著名的六大宾馆之一的挨顿旅馆。他先到中国驻德国公使馆与老朋友、时任德国公使的刘崇杰(4)先生会面，然后由该使馆的王随员带他前往美国捷运公司购买登记马克（所谓登记马克其实与使用德币的国家的马克没有什么不同，只是德国当时为了吸引外国游客，凡第二次来德国的游客，可以在相当的数额内，享受六折兑换价），这样可以节省不少经费。27日应刘公使夫妇之邀在使馆内晚餐，第二天又应参赞谭伯羽夫妇之邀赴其寓所晚餐。

不出张乃燕所料，就在他到达柏林的第五天（6月30日），德国发生一件非常意外的重大事件——国社党清党案，此案几乎酿成一次政变。在这一事件中，希特勒以迅雷不及掩耳之手段，亲飞牟尼克，把他的亲信、一向对他绝对忠诚

张乃燕——永远的书生

的褐衫队参谋长勒姆给逮住，杀了头，同日，格林的特务警察及黑衫队，把前总理希莱歇夫妇等人逮住杀了，又囚禁了前总理、现任副总理巴本等人。此案前后因株连而被杀害者达七十七人，德国上下无不为之惊愕万分。

究其原因，大概是希特勒认为勒姆权势太大了，有尾大不掉之虞，于是采取果断措施把他干掉了事。按说，勒姆与他所掌握的褐衫队，在国社党谋取德国执政党地位过程中立下了大功，这支部队的人数当时已经扩至二百五十万人，黑衫队是褐衫队的精锐部队，也有三万余人。勒姆拥有这么多的武装部队仍未满足，想把这支部队并入陆军，而自任首领，这就引起了希特勒的警惕。当时德国陆军只有十万人，均是训练有素的现代化部队，陆军的高级将领不愿与勒姆合作。希特勒也明白，一旦国家有事，他手下惟陆军可依靠。勒姆已经掌握了褐衫队、黑衫队，功高盖主，现在又来伸手要陆军，是想夺军权了，于是断然先发制人，砍了一大片人头。在计划要杀的人中，还有一个前总理勃留宁，此人可能有先见之明，预先乔装成神父逃走了，幸免遇难。巴本后来被释放后，改任驻奥地利公使。事件平息后，新上任的褐衫队参谋长路再炫非常识相，宣布把这支部队裁减为八十万人，而且是非武装的政治队。这样一来，希特勒除掉了一个心头之患，继而在国社党内发起清党，清除异己，野心就更加膨胀。

这次事件令张乃燕非常震惊，除了关注当地的电台广播和报纸，在7月1日他应德国名记者斯托莱凡之邀，前往德国俱乐部午餐时，继续向记者朋友们打探详情。可惜国社党内已经风声鹤唳，大家要紧明哲保身，谁都不敢多说话，只是嗫嚅敷衍而已，这使张乃燕更加不安了。

联想到希特勒排斥犹太人的情况，他写道："余游德意志适为希特勒秉政之翌年，当是时，德国对内对外问题孔多，若非有锐利之目光与灵敏之手腕从而善为措置，则不特国社党不能维持其势力，即整个国家亦将蒙受极大之影响。希特勒以反对犹太人为其党纲之一，自创党至秉政，排犹之举不一而足，迨秉政之后，又复定种种苛律，付诸实施。夫犹太人固为流徙漂泊之少数民族，然纵则有其极长之历史；横则有其极广之分布，且其与世界与德国，于文化及经济，皆有极大之关系，排犹之举，其必有影响于德意志，可断言也……"(5)对德国的局势表示了深深的忧虑。

张乃燕对于犹太人问题做过很多研究，不仅对于犹太人的传奇历史非常熟悉，对于犹太人遍布世界各地、在各个领域里的著名人士及其地位和影响，也如数家珍。他在书中从社会科学与自然科学两方面，把犹太人中对于人类社会有突出贡献的人物一一加以介绍，对马克思的生平和学术思想也有大篇幅的介绍。他的结论是："大抵犹太人侨居异域，无国家为其后盾，益以二千余年来之压迫，遂有其国际性之养成，此社会主义之所以蓬勃于犹太人中也。""自国社党排斥犹太人政策实施以来，犹太藉教授纷纷出国，斯后德国文化将受莫大影响矣！"

谈到中国境内的犹太人，他继续写道：" 我国最初东来之犹太人居开封，据其尊崇道经寺，及重建清真寺记额，误题两碑。前者谓其东来始于汉代，迄今已二千余年；后者谓始于宋代，亦已近千年。其教称一赐乐也。教即以色列教之转音，俗以其食肉时必挑剔筋缕名之，曰挑筋教。其人与国人相处，娶吾族之女而不以女妻吾族。至元明时，已沐汉化，亦有通儒学登仕版者。寺建于宋至元，而重修至明，而再修 1913 年。其人因迫于生计，将寺址转售于基督教之圣公会，此中国犹太人自生自灭之状况，而历代当国者，固未尝一加压迫也。近来开封约有二百人长期相混，状貌已同国人矣。至近代东来之犹太人，则散居通商要埠，尤以上海为多。居上海之大商贾沙逊、嘉道理、哈同等姓氏，考之，非来自印度即来自巴格达，则属于塞法第也。现侨居我国之犹太人共约一万五千人。”(6)

除了排犹政策所造成的社会影响，张乃燕最关心的还是德国的军事状况，因此他跑到位于埃森的军火大本营克虏伯钢铁公司，实地勘察一下。

1934年7月初，张乃燕只身来到埃森，由于有驻德国公使为之事先联系，更因中国历史上就是克虏伯公司的老客户，从李鸿章时代就大量购买他们的大炮，民国以后亦有大批订

乘车游走四方，右五张乃燕

单，所以克虏伯公司非常重视，予以盛情接待，安排他在该公司的贵宾招待处下榻。

当时主持克虏伯公司的是克虏伯家族的女婿普伦博士，他1870年生于海牙，是位法学博士，1897年供职德国外交部，在1899年至1906年外派出国，历任驻美公使馆、驻华公使馆、驻罗马教廷公使馆的随员，其中1900至1903年是在中国度过的，因此对中国有很深的印象。1906年来到埃森，与女厂主贝尔塔结婚，遂为总经理，主持公司一切。经他努力开拓，公司业务蒸蒸日上，虽然中经第一次世界大战德国战败，但公司的基础还在。至张乃燕前来参观为止，普伦已累积了近三十年的功夫。他听说张乃燕要来公司参观，关照他的助手阜休男爵出面接待，还盛情邀请张乃燕来他家中的花园里共进午餐，陪同者除了阜休男爵及两名工程师，还有普伦的两个女儿。

按说这样的规格就算是很高了。

阜休男爵带他游览了埃森全城一周，参观了建于873年

张乃燕临摹董其昌山水画

的大教堂，那是德国最古老的教堂，还有市政厅、大剧院、艺术院、博物馆、自然博物馆、公园等处，市政厅前竖立着克虏伯的铜像。在登上一处小山俯瞰全城时，张乃燕看到了克虏伯公司厂区的范围，那是一大片烟囱林立的灰色地带，证明军火机器正在充分运转着。晚宴由阜休男爵请他在公园里就餐。那是个露天的餐厅，中间是舞池，四周是餐桌，期间有不少人是阜休男爵的朋友，他们且吃且舞，十分潇洒。

张乃燕临摹董其昌作品

但是张乃燕这回惦记的不是逛风景，而是克虏伯的军火生产情况。他在参观的过程中问阜休男爵：贵公司的军器制造可以参观一下吗?

阜休男爵不亏是位善于周旋的高手，不是外交官的外交专家，他没有正面回答问题，只是说，受第一次世界大战后合约的束缚，公司已经很困难了，很难进行军品生产了。但是张乃燕不是傻瓜，他是有备而来的，就径直问起了该厂生产的一种新款巨型大炮，据称其射程可直达巴黎，报界的报道骇人听闻。这时阜休男爵竟然笑了起来，很巧妙地连称：“第提克贝尔塔！第提克贝尔塔！”并不跟你说这种大炮的具体情况。其实，“第”字是德文中之女性冠词，“提克”是厚大、丰润的意思，而“贝尔塔”则是克虏伯女厂主的名字。合起来意思就是“无比胖大的贝尔塔”。这是德国人用来形容克虏伯生产的新型巨炮的谑称。大概贝尔塔的体型属于巨胖形，所以他们的大炮也占了光，故有此谑称。无论如何，的确说明了大炮威力的程度。而聪明的阜休，只是跟你提提这个谑称，开开玩笑，并不跟你介入主题，含混一下就过去了。

想不到张乃燕还有一招。参观完毕，回到宾馆整理行李，第二天一早他就要离开了。鉴于这次在埃森所有的费用全是克虏伯招待，自己没有什么付出，所以他准备给宾馆服务员的小费就多一些。为他服务的服务员有好几个，而他明天一早就要离开，见不到其他几人，于是就把总数交给当晚的一个服务员，托她去分配其他人。当晚的服务小姐自然很高兴，张乃燕就趁机跟她聊天。

张乃燕说：“埃森这么一个重要的地方，各级领导、达官显贵前来参观的大概不少吧？”

服务员哪里有阜休的水平，脱口而出：“两星期前，希特勒总理刚来过；格林将军常常来的。”张乃燕一听就明白了。格林将军主持全国航空，常来此，必与备战有关。而希特勒以总理亲裁万机，又值总统病将不起，他何得抽空前来此兜风？可见国社党的备战已到了何等紧急的时候了！阜休不让参观军器部，实质是不能暴露备战的实情啊！

张乃燕在此行的笔记中警告希特勒：“……然天下之事，岂能如人意？威廉二世殷鉴不远，愿希特勒好自为之耳！”

俗话说：“乐极生悲”。正当张乃燕兴致勃勃地在欧洲游历的时候，不幸的事情发生了——使馆内有人不断地往南京打小报告，说他丢下馆务不管，长期在外旅游，不务正业，馆务都是叫秘书代办的。即便是他在公使馆的时候，也在不知不觉之中把一个高官给得罪了。

1934年春天，国民政府交通部部长俞鹏飞和交通部技监韦作民两人率领交通部考察团从巴黎到布鲁塞尔考察。按照惯例，部长级的干部，作为公使是应当前去迎接的，但张乃燕没有亲自去车站迎接，而是派了二秘凌其翰和随员王勰前去迎接，结果引起俞大部长大发脾气，连呼：“什么公使，一个小小地方官，竟然如此放肆无礼，岂有此理！”(7) 回到南京后，自然少不了向外交部告状。民国政府的官员是讲究秋后算帐的，当时并没有什么表示，但是一旦时机成熟，就要拿你开刀了。

张乃燕临摹盛懋作品

张乃燕表面上书生一个，文质彬彬，但实际上性格也很犟，碰到有些他不情愿的事情，谁的面子也不买。何况，官场上的一套曲线应酬他不仅没学会，反而还看不惯，于是麻烦就来了。

1934年冬天，外交部召他回国述职。他知道这是有人告状的结果，因为南京方面也有人给他通风报信。当时的外交部长是汪精卫兼的，张乃燕讨厌汪精卫，到了部里也不去见他，办完公事就去上海了。凌其翰说他“自恃为国民党元老张静江的长侄，竟不把汪精卫放在眼里。”(8) 这下闯祸了，汪精卫闻而勃然大怒，立刻打电报给外交部驻沪办事处的处长余铭，叫他转告张乃燕，立马回京。张乃燕脾气也倔，竟置之不理，径直乘意大利邮轮“绿伯爵号”返回欧洲了。适逢新任驻土耳其公使贺耀祖与他同船，南京外交部就打电报到正在赴欧航行中的“绿伯爵号”邮船上，由贺耀祖转交张乃燕，仍是促其返回。张乃燕知道没有好事，仍旧不理会。

这么一来，他的外交官使命就到此为止了。不久，南京外交部电令凌其翰代理驻比利时公使馆的馆务，张乃燕只得辞职。

凌其翰的回忆录里对张乃燕有一段有趣的评论，主要讲他喜欢旅游，也讲了他离任的原因。他写道：“张君谋是个很有意思的人。他原籍也是浙江吴兴，早年留学英、法、瑞士等

张乃燕临摹古画

国，在日内瓦大学获理学博士学位。归国后，先在北京大学任化学教授，后又到南京任中央大学校长。他的专业是化学，暇时亦涉猎西洋史。在欧洲时，适逢第一次世界大战，他利用瑞士的永久中立国的和平环境，搜集了许多资料，写成《世界大战全史》一书，由商务印书馆出版。书的内容未必精辟，但文字流畅，楚楚可读。他很喜欢旅游，出任驻比公使的目的即是为此。他认为比利时虽是西欧一小国，但地理位置优越，交通便利，使馆事又不多，大可利用它为旅游基地。对内有沈宝琦掌握财务，对外有我料理馆务，他可以拥公使其名，行旅游之实。殊不知他不理睬王揖唐的信，就为以后的冲突埋下了火药种子。”[9]

看来张公使的确是因为旅游而给人留下了话把儿，又因看不起汪精卫和王揖唐而得罪了人，丢了官。但是说他到比利时当公使是为了旅游来的，未免有失公允，到哪里当公使毕竟不是自己说了算的。更何况，他旅游的目的又是什么呢？看来当秘书的并没猜透张大公使的心思。

注释：

(1) 《艺术年鉴•国画家 张乃燕》1948年

(2) 刘文岛（1893－1967）字永清，号尘苏，别号率真，湖北武穴人。日本东京早稻田大学政治经济学部毕业后，又留学巴黎，获巴黎大学法学博士学位。1925年回国，任黄埔军校政治教官，参加北伐后，任武汉特别市市长兼湖北省民政厅厅长。1931年任驻德国兼奥地利公使，1933年任驻意大利全权公使，1934年升为驻意大利全权大使。通英、日、法、德、意等国语言。在意大利向墨索里尼呈递国书时，用熟练的意大利语恭述颂词，其人长得人高马大，仪表堂堂，令墨索里尼暗称了得。1937年11月8日意大利承认“满洲国”时，下旗回国。1949年去台湾。1967年在台湾病逝。关于他灌醉希特勒的故事，曾在西方广为流传，而刘文岛本人很少谈及，他认为在酒桌上逞能不算什么本事，当时主要是为出一口恶气，叫这个狂人以后不要小瞧中国人（百度百科 刘文岛词条）

(3) 《使西历聘纪详》（稿本 第六册）张乃燕 1937年

(4) 刘崇杰（1880－？）字子楷，闽县（今福州市人），外交家。1906年毕业于日本早稻田大学政治经济科，1910年任中国驻日本使馆一等参赞，民国后继续留任，1916年代理驻日公使。1919年派为出席巴黎和会中国代表团专门委员。次年任驻西班牙兼葡萄牙特命全权公使。1932年任外交部次长。1933年任驻德国兼奥地利特命全权公使。1935年调任驻奥地利特命全权公使。（百度百科 刘崇杰词条）是民国中央银行总裁刘攻芸的叔叔。

(5) 《使西历聘纪详》（稿本 第六册）张乃燕 1937年

(6) 同上

(7) 《我的外交官生涯——凌其翰回忆录》 凌其翰 中国文史出版社1993年

(8) 同上

(9) 同上

张乃燕临摹董其昌书画第四册（封面）

第9章

笔墨润心田

躲进小楼成一统

1935年5月，张乃燕从比利时大使任上辞职，回沪后，开始了长达二十余年丰富多彩的退休生活。

或许是健康原因(1)，或许已经厌倦了政界的是是非非(2)，年仅四十一岁的张乃燕，没有继续在国民政府或高等院校里任职，而是躲进他的小楼，埋头整理他近年来在国外的经历、见闻和考证文字，这就是他在 1937 年 11 月完成的《使西历聘纪详》（稿本）。

这可能是他最后一本著作，融回忆、见闻、游历、考证于一书，洋洋洒洒，引经据典，一写又是二十来万字。这样一部书，对于张乃燕这位准学者来说，不及时地写出来是难以忍受的，他觉得他记录的是历史，而且是一个中国外交官员眼中欧洲的过去与现在，这项工作的意义从全局和长远来看，肯定比当一名政府官员要更有价值。

从客观原因上说，当时还有一个重要情况，即他的叔叔张静江已经跟蒋介石闹翻了。这对当年的生死哥儿们，在天下大乱的时候，割头结盟；在天下大致太平的日子里，却分道扬镳了。一个要打内战，一个要搞建设，弄得水火不相容。而张乃燕也已经与汪精卫闹翻（尽管直到现在为止，人们还不清楚他与汪精卫闹翻的根本原因是什么）(3)，在这种情况下，他如果再去国民政府里做事的话，或许会有些尴尬。

好在他有一个非常高雅、漂亮的“窝”，容得他躲进小楼成一统。张乃燕原本书生本性，一生与书有缘，乐得安安静静地过他的书斋生活。

早在赴欧履新之前（1931年4月），他家老少三代就已搬进了大西路（现延安西路）399号一处大房子。那是他自建的、有着小桥流水和温室花房的英国式大花园洋房。楼高三层，建筑面积九百三十三平方米。楼下有两间很阔气的书房，一间全是中国古籍，另一间全是外文书。中文书房里除了古籍书，还有他收集的很多古碑拓本。外文书房里，有一套私人藏书中很少见的全套的原版大英百科全书，红底烫金精装，煌煌一片，非常气派。书房东侧的窗边，竖立着三尊铜像，那是张乃燕认为中国最伟大的三个伟人——黄帝、孔子、孙中山。他的这两间书房里，各有一张上好的写字台，外国书房的写字台是柚木的，中文书房的写字台是瘿木的，非常考究（可惜后来在“文革”中，这两个写字台都被造反派抢走了）。外文书房里还有几尊他从比利时带回来的大理石艺术雕像，自然，后来也成了“革命”的对象。

书房的隔壁是一间客厅和餐厅，另有一间厨房。这个高雅宽敞的客厅里不知留下了多少文化名人的足迹，张大千、梅兰芳、周信芳、俞振飞、吴湖帆、吴青霞、汪亚尘、赵叔孺……他们都曾是这里的座上宾。

客厅的墙上挂有五幅画，其中两幅是张充仁先生的作品（有一幅画的是海边巨浪冲击岩石的情景）。张乃燕与张充仁是好朋友，他在比利时公使馆当公使时，张充仁正在比利时学画，彼此早就熟悉了。另外三张是李毅士先生的作品，画的是唐玄宗和杨贵妃，其中有一幅展示的是百使来朝的盛况。

二楼主要是卧室，是张乃燕夫妇以及他的母亲蒋汝芝的卧室，也有一间小会客室和一间画室，一般最私密的朋友才在小会客室里接待。二楼房间的四壁也都悬挂着西洋油画及中国古画，走廊上也挂着画。二楼走廊的转弯处，常年挂着一幅风景画，也出自雕塑大师张充仁先生之手，画的是南浔张家东园的夏天景色——满池的荷花俯仰多姿，红阁绿水，荷叶田田，荷花池的对面有几栋古色古香的凉亭。半个多世纪以后看此画，仍能感受到画中孕育的无限生机。这幅画在后来的十年内乱中历尽劫难，但总算失而复得，被张家后人保存下来了，是目前所能见到的张家最珍贵的藏品之一。还有三幅人物肖像画，画的是张乃燕的祖父、祖母，以及他的父亲张弁群。

张乃燕逃避了人气污浊的官场，回到自己的花园中，以字画、文物、著述自娱，心情非常愉快，这大概是他生命中最愉快的一段岁月。自然，时局不靖，文人就不会有一张安静的书桌。几年后太平洋战争爆发，日本人进入租界。日本人硬要租借他的房子，他们一家只好搬到上海新村过渡了几年，抗战胜利后，费了不少周折才得以搬回。

《使西历聘纪详》一书是他退休后首先完成的写作任务。此书约二十万字，分六册，共十一章、六十个小节，详细记叙了他两次出国的经历，尤其是在比利时公使任上的公务和各种见闻，以及在欧洲其他国家考察的心得，非常精彩，脱稿于1937年11月。

这部书稿的第一册中，写到他父亲张弁群一百多年前周游世界、他本人于第一次世界大战期间留学欧洲，以及他在中国驻比利时公使任上的一些事情，如“十九世纪之末先父环游世界一周”、“留学时代之国际经验”、“自返国至奉使”、“西赴途中菲律宾、印度、埃及等国之一瞥”、“赴比利时莅任并参加要典”等等。其余五册，全是他在欧洲其他国家考察的见闻和心得。

那些考证文字，博古通今，纵论亚欧，由此及彼，见微知著，发人所未发，见人所未见，而且文笔流畅，气势高昂，简直就像是一部精彩的关于欧洲史的博士论文。张乃燕在这些国家的古老历史和眼前的现实之间，勾勒了一条“时空隧道”，并用自己的眼光去品味，去发现，充满了三十年代中国知识分子另眼看西方的智慧。如果把它当作一部《欧洲简史》来读，也不会太过份，因为其中涉及的史料非常详尽。现在的人读之大概不会相信，这些文字出自一个职业外交官之手，而且是一位理学博士写出来的。

可惜，当他完成这部书稿、准备出版的时候，七七抗战爆发了。八一三战火在上海街头弥漫，正常的生活秩序全被打乱了，出版的事情就耽搁了，因此直到现在，人们能看到的仍是一部手稿。

1938年，张乃燕的叔叔张静江一家与张家南号的张叔驯（乃骥）一家出国避战火。张乃燕没有出国，也没有去重庆，选择了留在上海，静观时局发展。他有老母亲和六个孩子要照应，又不愿跟日本人纠缠，于是继续躲在他的小楼里，读书、习字、画画，以书画自娱，同时做点工业投资（他是张家的企业如龙章造纸厂、大伦冶炼厂等厂家的股东），养家糊口。这种隐居的生活模式，一直延续到他生命的最后。

关于习字、画画，在张家是早有传统的。张乃燕的父亲张弁群就是当地书法好手。《南浔镇志》中说他："爱好金石书画，精究鉴别，尤擅书法，识者认为清末民初，浔人以张增熙的书法和金绍城的国画为'双杰'。"[4] 华东师范大学古

吴稚晖为张乃燕题辞

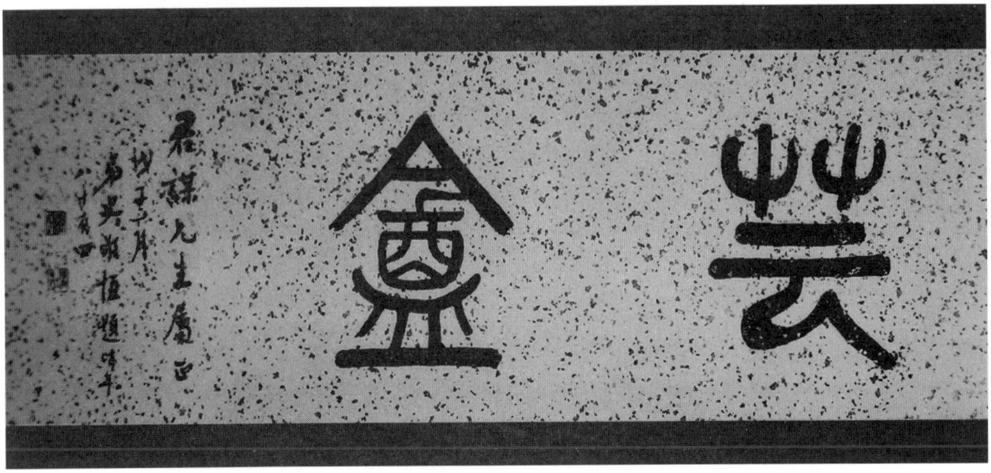

籍研究所一百多岁的老教授、曾经在刘承幹的嘉业堂中当过八年负责人的周子美先生，在他的《南浔志稿》中谈到张弁群，除了介绍他的善举外，也谈到了他的文化修养：“素好金石书画，精于鉴别，遂以此自娱。所藏如商祖己角、汉建安弩机、唐弥陀经幢等，终日摩挲不去手。又工尺牍，短峭简洁，书法尤古朴，逼近覃溪，得者珍之。”(5) 张乃燕在《使西历聘纪详》书稿中谈到其父时也有类似的介绍：“ 自是以金石考古之学终其身。”(6)

近年来的书画、印章类拍卖市场上，还能看到一点张弁群的艺坛踪影。

张弁群与海派书画、篆刻大师家吴昌硕是好朋友、大同乡，张家后代中有“吴昌硕早年是张家的画师”的说法。如今人们还能看到吴昌硕赠与张家人的作品。一幅是吴昌硕 1915 年为张弁群的父亲张宝善（定甫）六十大寿所作的《铁网珊瑚图》大中堂。图中有两处题款，先是一首五言绝句：“竹实何累累，九苞凤所食。饵作驻颜丹，容光映照日。老缶”，又题道：“定甫先生六十大寿　乙卯孟陬 安吉吴昌硕 时年七十有二 ”。整幅作品神完气足，驰笔大度，不是一般应酬之作。还有一幅吴昌硕写赠张弁群的五律诗作，也是两人之间友好交往的见证。吴昌硕书法作品多篆书而少草书，大幅草书尤为少见，像这样苍劲雄浑、气象万千的大幅精品，更是凤毛麟角。

《吴昌硕年表》在1910年（六十七岁）的条目中写道：“夏，江行至武汉。赴北京，七月二十二日夜半过黄河铁桥，诗以纪之。抵京后，下榻友人张弁群（槎客）家，遍名胜古迹，极诗酒之雅，谈谐之乐。”老朋友异地相逢，又是在古城北京，自是令文人雅趣高涨，尽管当时已是大清王朝寿终就寝的前夜了。

该《年表》在1919年条目中，还记录了两条与张弁群有关的事情："大暑，治'杭褚德彝吴兴张增熙安吉吴昌硕同时审定印'；十二月，张弁群集拓先生印百钮，编成《缶庐印存》八卷。"(7) 张弁群肯为吴昌硕在上海出版八卷本的印谱，可知交情不浅。至于"余杭褚德彝吴兴张增熙安吉吴昌硕同时审定印"，也是吴昌硕为张弁群刻的一枚石章，因为张弁群这一年收得了一部嵩山太室石阙佳期拓本，是请褚德彝和吴昌硕共同来审定的，高兴之余，因此有此一方印章。此章的四面还刻了长达一百多字的边款，记载了这件事，可知张弁群与吴昌硕绝非一般交情。(8)

同样在1919年，吴昌硕还为张弁群刻了另外一枚闲章，印文四个大字："道法自然"。这枚闲章是吴昌硕晚年七十六岁高龄时的作品，刀法老迈，古朴敦厚，苍劲有力，被视为传神之作，曾被收入《中国篆刻丛刊》、《缶翁印痕》、《吴昌硕印谱》等，近年来在杭州拍卖市场上面世。据介绍，这枚石章为封门青旧石，通高六厘米，方形，各边长二点七厘米，色微黄，质绵柔，包浆温润，印石四面刻满了旧款。吴昌硕的边

张乃燕绘赠儿子张泽琳（1944年）

款刻在印石的顶端："弁群方家摘老子语属，老缶刻"。说明是应张弁群的要求刻的，即反映了吴昌硕的技艺，也反映了张弁群的情趣。"道法自然"语出《老子》第二十五章，说的是人的认识与自然的关系，是说真理就是遵循自然发展的规律，可谓至理名言。

张乃燕绘山水画

问题是这块印章的石头本身也很有意思，是一块旧石章，很能说明张弁群的收藏趣味。石章的四面边款原本已刻有长文："余家有园曰漪园，历百余年矣，每于春月杏花开时，与二三知己畅饮于诗梦斋中。今经大劫，余移于北城，园林如故，居非其人也。辛丑正月，随斋夜坐，偶有所感，以刻是印。师孟居士并记。"

据杭州西泠印社的胡西林先生考证，这位师孟居士是晚清三朝两部尚书、文渊阁大学士瑞麟之子，是慈禧太后的侄子，生于1863年，卒于1937年，多才多艺，擅长书法篆刻，是清末民初有名的收藏家，尤其以收藏古琴闻名。他当年的居处是北京明代东厂旧址，他在那里大兴土木，新筑庭园，有浅溪池沼，盛夏时水起涟漪，荷浮叶上，故取名"漪园"。1900年八国联军入侵北京时被俄军破坏，事平后取劫后余生之意，改名"余园"……[9] 可知这位师孟居士是位"臭旗人"，标准的皇亲国戚。在1900年的时候已经家园被毁，到张弁群拿到这枚石章的时候，已经十九年过去了。这中间经历了辛亥革命，建立了民国，江山易主，改天换地，师孟与他的家族，不要说“随斋夜坐，偶有所感”，就连他的石章也流散到了民间。可想而知，家族的败落，已经到了叮当响的程度了。这枚石章的边款字里行间所透露出来的，就是这样一幅活生生的沧桑气息。作为在北京生活过的张弁群，也是一个大家族的后代，读之能无动于衷吗？以他的品位，他自然是很珍惜其中的历史感的。

“道法自然”，还有什么比这更凝重的吗？

除了吴昌硕，张弁群与谭延闿、郑孝胥等也有交往。“秀才人情纸一张”，他们的“人情”在张家也时有显山露水。较为难得的是郑孝胥写给张弁群的行书《诗三首》四屏幅，笔力虬劲，堪称佳作。郑孝胥的字存世不少，但基本都是条幅或对联，像这样的四屏幅，极为难得，说明两人交情确非泛泛。

有其父就有其子。张乃燕生活在这样的家庭环境中，近

张乃燕的舅公庞莱臣
赠其扇面（1942年）

朱者赤，自然也成了翰墨好手。何况他们南浔张家，原本就是一个实业型兼艺术型的大家族，能书擅绘者多矣。1921年元旦张静江曾为张乃燕绘绢本墨笔山水，落款："民国十年元旦为君谋补壁　人杰"。第二年，又有设色仿董山水相赠，落款是："十一年五月为君谋画　人杰"。还有庞莱臣、张葱玉等，张乃燕的书房里都留下了他们的扇面。现存庞莱臣1941年为张乃燕绘的扇面是，水墨仿米山水。同年张葱玉写的扇面署款是："君谋叔父命书　葱玉侄珩"。

张乃燕退休以后开始学画。《艺术家年鉴》中介绍他说："年近五十始画，历代名迹，举其山水，人物，花果，虫鱼，鸟兽，无不临摹，积年累月，融会贯通，自成一家，推陈出新，为艺坛所誉重。曾于1947年冬，假中国画苑举行书画展览。高雅绝俗，现任中国画会监事。"那次画展共展出了五六百幅画，一半是自己画的，小幅为多，还有一半是朋友们赠送给他的画，异彩纷呈，非常精彩。

张乃燕的美术生活有一个别人无法企及的优势条件，就是他有庞莱臣这样一位堪称中国顶级收藏大师的舅公。庞莱臣先生一生收藏了数百上千件中国历代的珍贵古画，几乎占中国近现代书画收藏界的半壁江山。反映他部分藏品的《虚斋名画录》，至今是美术界和收藏界不可多得的圭臬。张乃燕与舅公处得很好，常到舅公家观摩，还常常借画回来临摹。他定做了一张很特别的画桌，桌子的另一半可以半撑起来的，就是为了便于临摹画。他很喜欢董其昌，临摹了不少董其昌的画和字，另外还有倪云林、沈铨的作品等。他舅公庞莱臣对他的画作的评价是：花鸟最好；人物次之；山水推摆点。(10)

张乃燕存世作品中有很多临摹画件，他尤其喜欢董其昌的作品。张乃燕后人手中有两本由庞莱臣题签的《君谋临董思翁书画》（一本题为第二册，另一本题为第四册），水墨、设色都有，可知当初临摹的作品很多。他的摹本，水边独舟，恬静秀逸；花鸟果品，清新雅致，均能得原作之趣。

在另一本题为《摹古山水册》中，张乃燕临摹了高益、黄鼎、阎次平、盛懋、米友仁、张风、吴伟、薛宣、董其昌等人的作品。这些人生活的年代跨越数百年，作品风格也不尽相同，尤其是其中有的画件并非传统的文人画，甚至历来为传统士大夫所轻视，而张乃燕却不拘一格，博采众长，凡能入心者均乐意临摹、学习，亦可见他在艺术审美上不同凡响之处。

张乃燕的临摹画中最能夺人眼球的，大概要推他的花鸟件。他的《君谋摹古花卉册》中临摹了沈铨、蒋廷锡、王穀祥、邹显吉、余省、腾昌佑、梁若珠、边鸾、孙克弘、邹一桂等人的作品，涉及的画家自唐至清，上至朝廷供奉，下至民间画师，技法上既有双勾设色，也有没骨写生，内容有水仙、牡丹、牵牛、桃花、桂花、苍松、翠竹、细柳、青蛙、游鱼、家雀、蝴蝶、蜻蜓等，很能反映他在家居生活中，超然物外、寄情尺幅小品的意趣。

张乃燕的人物画存世很少，除了《君谋临董思翁书画》（第

吴稚晖为张乃燕画香室题辞（1949年）

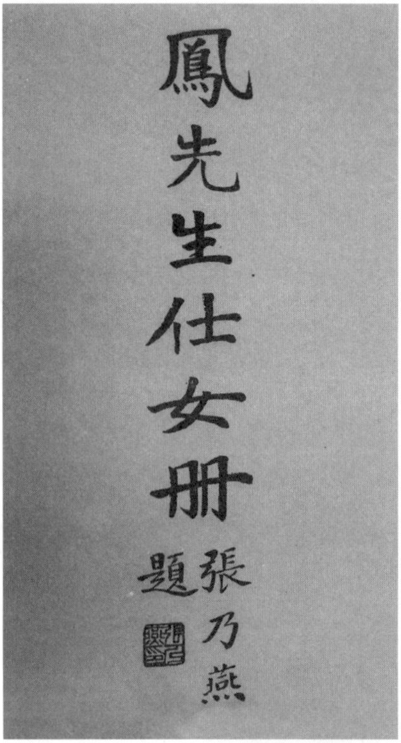

张乃燕为吕凤子的画册题签

四册）中有一幅《董其昌像》外，还有两件作品。一件是1941年临摹任熊的《屈子图》，他在此图的题识中写道：“溟涬之气，迈往之神。与天为游，与古为春。是寿者相，是不坏身。冲虚至德，博大真人。任谓长尝临此古本，垂裳危坐，仿佛仙真，老笔纷披，别具一格。兹重摩渭长本，以奉献之夫子大人诲正。辛巳仲夏 受业张乃燕”。关于这位“献之夫子大人”，目前已难确切考证，但无疑是一位德高望重、深受其尊敬的画界前辈。另一幅是1948年张乃燕为“履中、谦之”伉俪新婚而作的《和合二仙图》，图中的和合二仙笑容可掬地望着地上的莲花、莲蓬等物，按照中国人的老传统，这是暗喻“连生贵子”的意思。这幅画线条优美，设色淡雅，布局舒展，洋

吕凤子为张乃燕绘仕女图

赵含英赠张乃燕（1946）

溢着美好、和谐的喜庆气氛，可视之为张乃燕人物画的代表作。

中国书画向来讲究诗、书、画、印，相辅相成，好的作品配上好的印章，更会相得益彰。所以，历有收藏和美术传统的张家，几代人都非常讲究印章的品位。如今，仅从“文革”后发还张家的数十枚印章来看，大多出自近现代名家之手，有赵叔孺、方介堪、王福庵、陈巨来等人的作品，而且材质也非常考究，有鸡血、寿山、青田、艾绿、象牙等。形制包括正方、长方、正圆、腰圆、椭圆形……各式各样，精彩纷呈。这样品质的印章，如今早已成为可遇不可求、拍卖场上的

李毅士《长恨歌画意》封面

竞相逐鹿之物。

张乃燕的交际面很广，但是壁垒也很严。他的朋友圈子里不是公务交往就是艺术交往，并非三教九流，来者不拒的。外交官当中比较要好的，都是欧洲一些小国家的公使官，如刘崇杰（刘攻芸的叔叔）、金问泗、钱泰、金兆蕃、朱鹤翔等。政坛上除了公务之外，他乐于与之交往的是几位有艺术品位的、与张家为世交的元老，如吴稚晖与谭延闿。吴稚晖曾两次为张乃燕题写斋名，一曰“芸龛”；一曰“划香室”。后者还有一长长的题记：“君谋先生读古今中外书，数十年如一日，因名其居曰‘芸龛’。龛中一室，其绘画处也。于其中临历代名迹得数百幅，融会贯通，自成一家。尝举其山水、人物、花果、鸟兽、虫鱼公开展览，众口交称，遂蜚声艺苑矣。爰名其室曰‘划香’联芸而名之也，属为书额，因并志数语归之。戊子一月 弟敬恒篆额并书 时年八十有四”。谭延闿送他的对联现存两副，一白面，一洒金，其中一副达七八尺长：“未办报君青玉案，不知谁佩紫微壶”。线条优美，气韵酣畅，有大家之风。

此外，于右任、叶楚伧、郭沫若、朱孝藏等民国元老及社会名流，也都有书法作品赠张。于右任的条幅有《民治校园诗廿首之一》；郭沫若的书法是《和老舍原韵并赠三首之一》，如今均为极为难得之品。

除了政界、教育界、外交界，张乃燕退休以后在艺术界也

《长恨歌画意》之一

《长恨歌画意》之二

交了很多朋友，梅兰芳、俞振飞、徐悲鸿、齐白石、吴湖帆等都与之熟悉。全国大约有二百来位书画家与之有过书画交往。

张乃燕属马，在他五十岁生日（1943年）的时候，恰逢有一帮子属马的文化名人都在上海滩，大家都是好朋友，于是就在中秋节那天会聚在法租界闻人魏廷荣的花园“榕园”（位于现在肇家浜路吴兴路口），过了一个很有意思的集体生日，并拍摄了两张有很意义的合影照片。这次集体生日活动在上海滩很有影响，照片经常被媒体引用。参加这次活动的除了张乃燕还

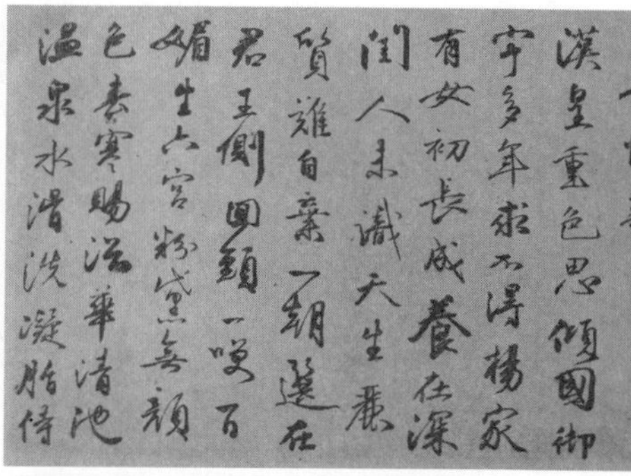

長恨歌 白居易
漢皇重色思傾國，御宇多年求不得。楊家有女初長成，養在深閨人未識。天生麗質難自棄，一朝選在君王側。回頭一笑百媚生，六宮粉黛無顏色。春寒賜浴華清池，溫泉水滑洗凝脂。侍

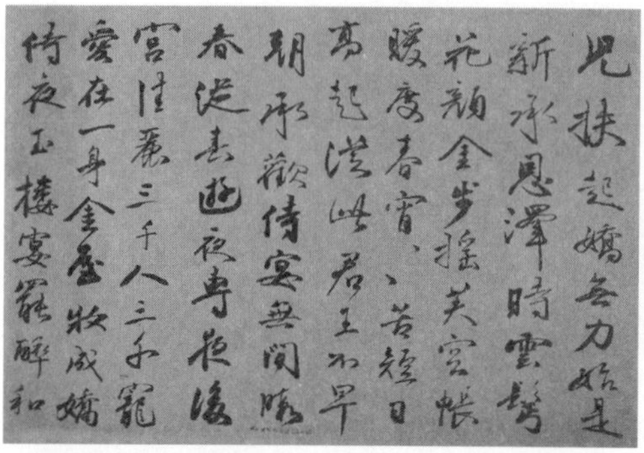

兒扶起嬌無力，始是新承恩澤時。雲鬢花顏金步搖，芙蓉帳暖度春宵。春宵苦短日高起，從此君王不早朝。承歡侍宴無閒暇，春從春遊夜專夜。後宮佳麗三千人，三千寵愛在一身。金屋妝成嬌侍夜，玉樓宴罷醉和

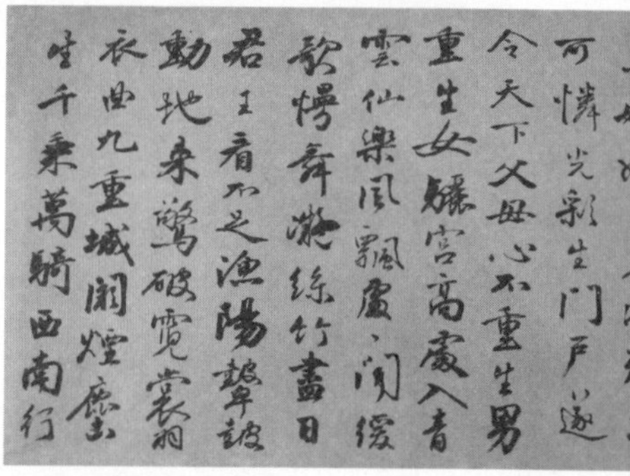

春。姊妹弟兄皆列土，可憐光彩生門戶。遂令天下父母心，不重生男重生女。驪宮高處入青雲，仙樂風飄處處聞。緩歌慢舞凝絲竹，盡日君王看不足。漁陽鼙鼓動地來，驚破霓裳羽衣曲。九重城闕煙塵生，千乘萬騎西南行。

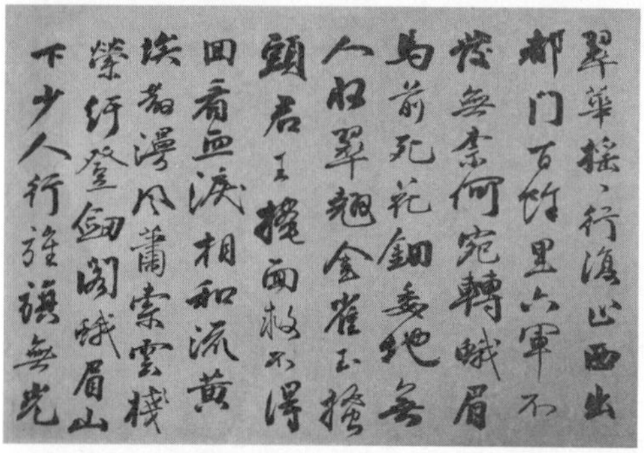

翠華搖搖行復止，西出都門百餘里。六軍不發無奈何，宛轉蛾眉馬前死。花鈿委地無人收，翠翹金雀玉搔頭。君王掩面救不得，回看血淚相和流。黃埃散漫風蕭索，雲棧縈紆登劍閣。峨眉山下少人行，旌旗無光

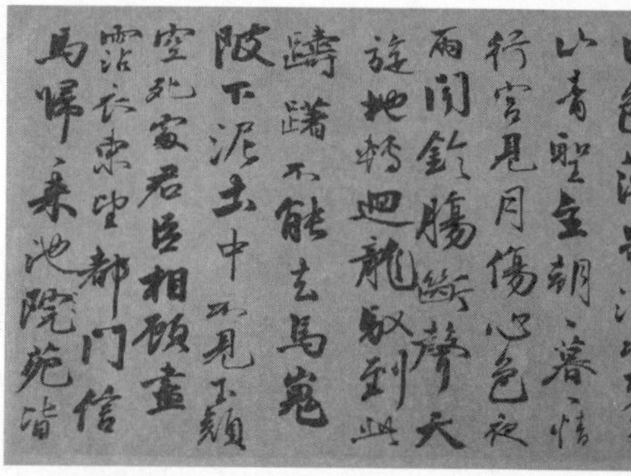

日色薄。蜀江水碧蜀山青，聖主朝朝暮暮情。行宮見月傷心色，夜雨聞鈴腸斷聲。天旋地轉迴龍馭，到此躊躇不能去。馬嵬坡下泥土中，不見玉顏空死處。君臣相顧盡霑衣，東望都門信馬歸。歸來池苑皆

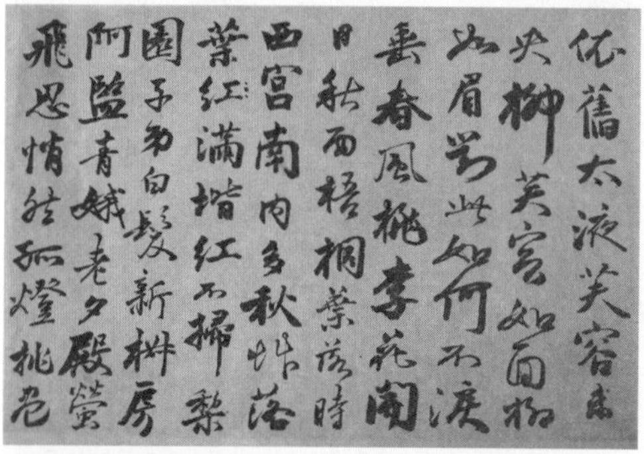

依舊，太液芙蓉未央柳。芙蓉如面柳如眉，對此如何不淚垂。春風桃李花開日，秋雨梧桐葉落時。西宮南內多秋草，落葉滿階紅不掃。梨園子弟白髮新，椒房阿監青娥老。夕殿螢飛思悄然，孤燈挑盡

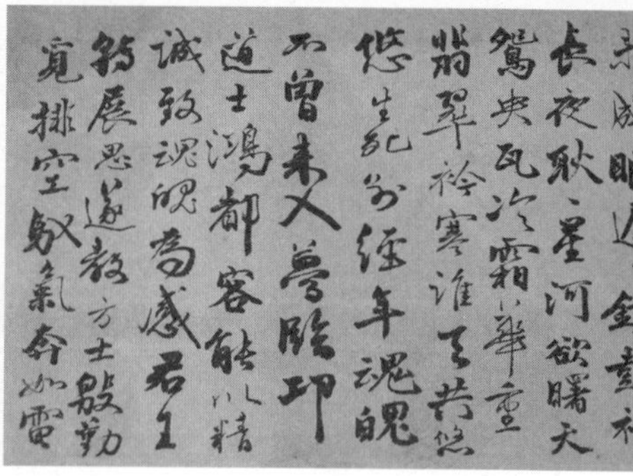

未成眠。遲遲鐘鼓初長夜，耿耿星河欲曙天。鴛鴦瓦冷霜華重，翡翠衾寒誰與共。悠悠生死別經年，魂魄不曾來入夢。臨邛道士鴻都客，能以精誠致魂魄。為感君王輾轉思，遂教方士殷勤覓。排空馭氣奔如電，

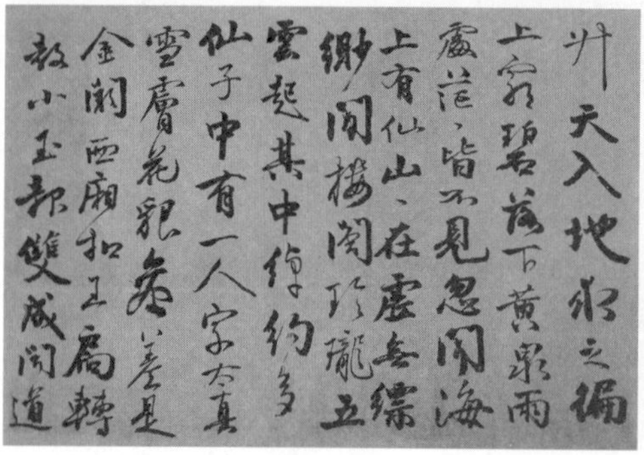

升天入地求之遍。上窮碧落下黃泉，兩處茫茫皆不見。忽聞海上有仙山，山在虛無縹緲間。樓閣玲瓏五雲起，其中綽約多仙子。中有一人字太真，雪膚花貌參差是。金闕西廂叩玉扃，轉教小玉報雙成。聞道

有：梅兰芳、吴湖帆、汪亚尘、蔡声白、周信芳、李祖夔、范烟桥、孙伯绳、郑午昌、徐光济、陆铭焘、陆书臣、秦清曾、席鸣九、张旭人……共有二十人，年龄加起来正好一千岁，所以照片上的题字是“甲午同庚千龄会同仁摄影”，于是人们就称他们“甲午同庚会”、“千岁马会”、“千龄会”。徐悲鸿有感于此，还特意送给张乃燕一幅《奔马图》。

这一群“马”中，郑午昌生日最早，被推为“马首”，周信芳生日最迟，故谑称“马尾”。远在重庆的徐悲鸿先生

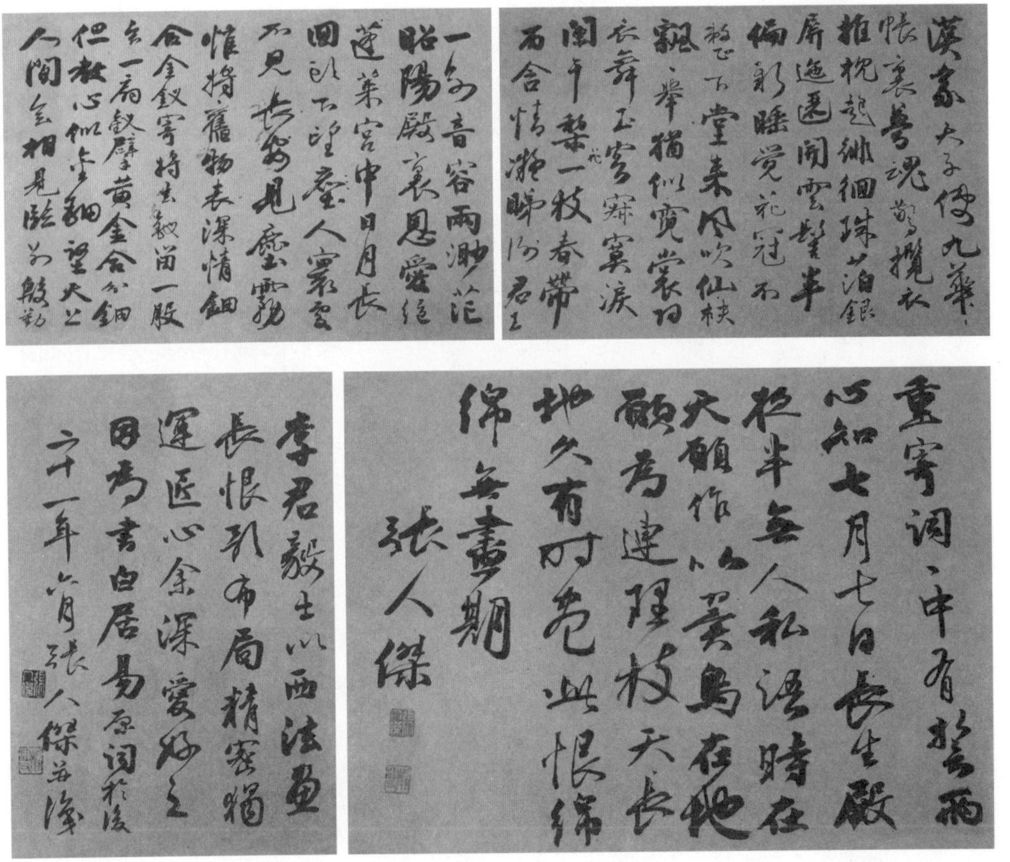

张静江书白居易《长恨歌》（共12页）

听说有“马首”之说，又画了一幅奔马图，题为“马首是瞻”，托人送给郑午昌，以示祝贺。由于这在当时是件很轰动的事情，朋友中就有人推波助澜，说是“周穆王有八骏”，应当画一幅“八骏图”才是。于是由吴湖帆、梅兰芳、周信芳、汪亚尘、范烟桥、郑午昌等执笔的《八骏图》诞生了，又引起一场轰动。接下来，又有一批名人热心地在这幅图上题诗作跋，于是就更热闹了。

此“马会”中，张乃燕与吴湖帆早就认识了。1938年，张乃燕将自己收藏的一个秦权（秦朝法定的标准量具）送给吴湖帆，因为他知道，吴家收藏的青铜器历来很出名。次年，吴湖帆将这个秦权墨拓了一件拓本，并制成扇面送给张乃燕，并题曰：“秦二世八斤权。此权为芸庐兄（‘芸庐’是张乃燕的斋号）旧藏，去夏，兄赠归敝笈，今拓奉清鉴，真所谓金石缘也。己卯秋 吴湖帆识”。该扇面的背面又是一个文人故事，是一方邓石如的印拓，还有题识：“完白山人五面印。鲁厂藏印拓赠芸庐，叔孺题耑 己卯秋日”。这真是文人特有的雅兴——鲁厂把自己收藏的邓石如的印拓送给了张乃燕，

张乃燕撰《长恨歌画意》序（首页）

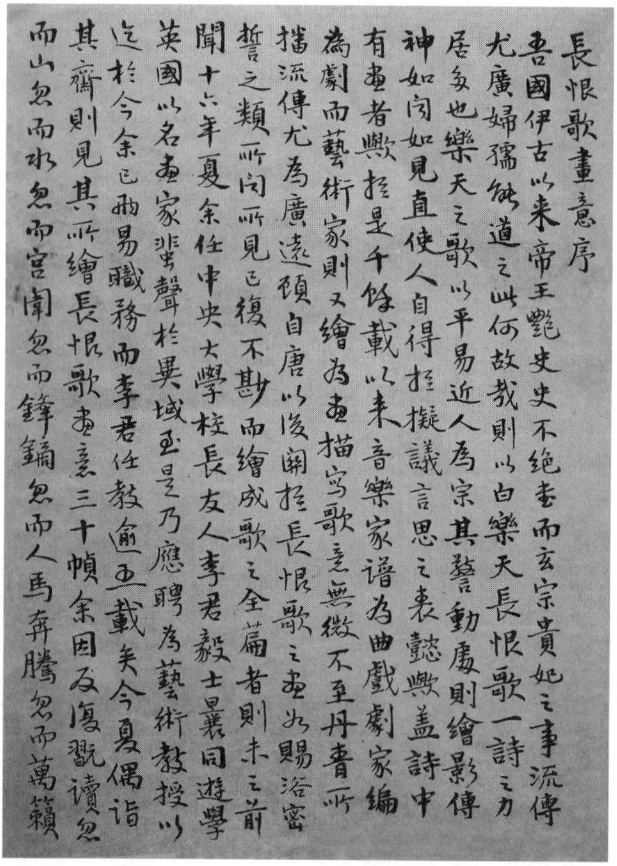
長恨歌畫意序
吾國伊古以來帝王艷史史不絕書而玄宗貴妃之事流傳尤廣婦孺能道之此何故哉則以白樂天長恨歌一詩之力居多也樂天之歌以平易近人為宗其警動處則繪影傳神如聞如見直使人自得於擬議言思之表懿歟蓋詩中有畫者歟於是千餘載以來音樂家譜為曲戲劇家編為劇而藝術家則又繪為畫描寫歌意無微不至丹青所播流傳尤為廣遠頗自唐以後關於長恨歌之畫如賜浴密誓之類所聞所見已復不尠而繪成歌之全篇者則未之前聞十六年夏余任中央大學校長友人李君毅士曩同遊學英國以名畫家蜚聲於異域至是乃應聘為藝術教授以迄於今余已兩易職務而李君任教逾五載矣今夏偶詣其齋則見其所繪長恨歌畫意三十幀余因反復覽讀忽而山忽而水忽而宮闈忽而鋒鏑忽而人馬奔騰忽而萬籟

王立群赠张乃燕
（1951年）

张乃燕将之做成扇面的另一面，却由赵叔孺来题识……秀才们这“一张纸”的“人情”，玩来玩去，真是兴味无穷。

还有一个小插曲。“千龄会”中有一位叫秦清曾（秦淦），是近代无锡著名画家秦祖永的孙子，富收藏，精通金石书画，在上海办了一家很有名的艺苑真赏社，精印各种碑帖、书画，与张乃燕常有过往。1943年，张乃燕送给秦清曾一把扇子，画的是仿董其昌墨笔山水。时隔一年，恰逢“甲午同庚会”二十四马聚会了，秦清曾把这把扇子也带来了，要张乃燕题字。张乃燕有感于他的诚意，提笔在扇子上又添了“清曾道兄五十初度 同庚弟君谋”的款识。

上海的画家中，张乃燕跟吕凤子先生关系很不错。他当年在南京任中央大学校长时，吕凤子就是该校美术系的教授，是著名画家、美术教育家，徐悲鸿和刘海粟早年都跟他学过画。张乃燕向他求工笔人物画，他居然费时八个月时间，为之绘就一本仕女图，共十幅，大多是描绘古诗词中的意境，如李清照、朱淑珍的诗句之意境。画中古代美女，或倚或靠，或沉思，或凝望，或期期艾艾弱不禁风的样子，工笔设色，再配上一句颇能画龙点睛的古典名句，那效果真的是不一样了，应

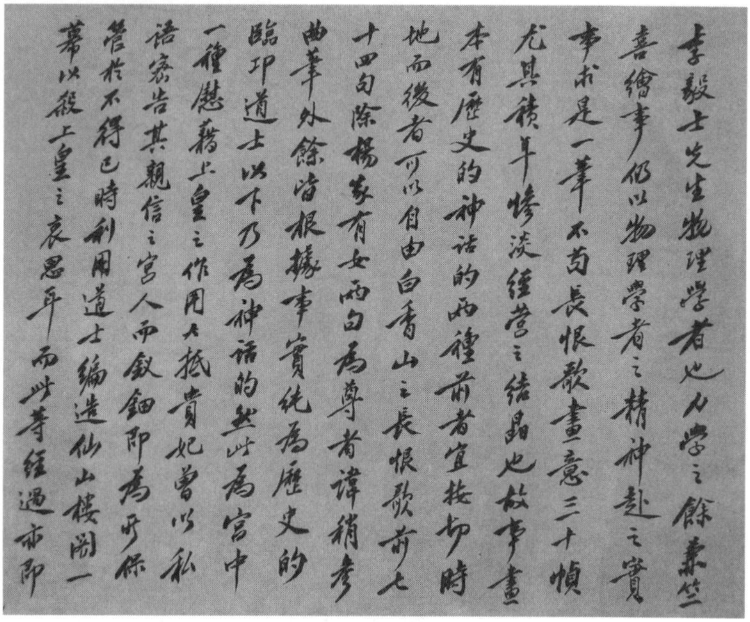

李毅士先生物理學者也乃學之餘兼篤喜繪事仍以物理學者之精神赴之實事求是一筆不苟長恨歌畫意三十幀尤其積年慘淡經營之結晶也故事畫本有歷史的神話的兩種前者宜按切時地而後者可以自由白香山之長恨歌前七十四句除楊家有女兩句為尊者諱稍參曲筆外餘皆根據事實純為歷史的臨邛道士以下乃為神話的然此為宮中一種懸務上皇之作用大抵貴妃曾以私語密告其親信之宮人而鈿盒即為所保管於不得已時利用道士編造仙山樓閣一幕以殺上皇之哀思耳而此等經過亦即

蔡元培序李毅士《长恨歌画意》之一

是吕凤子先生不可多得的工笔画代表作。吕先生在册页后留有题识："君谋先生属以纤画造人，历八月之工得十帧……宜费时也。"连作者本人都感慨费时太长，可见实属不易，亦可见两人间的友情之笃。

张乃燕对于艺术作品有着独特的鉴赏力。他在欧洲留学时有一个老同学叫李毅士，是清末画家李嘉璋的儿子（他叔叔李嘉宝即李伯元，是清末著名作家，《官场现形记》的作者），艺术上有家学的底子，又有留洋时物理学的基础，那笔下的线条和光影就格外立体、鲜活了。

张乃燕有感于此，为李毅士的《长恨歌画意》写了一篇长序。他写道：

"吾国伊古以来，帝王艳史，史不绝书。而玄宗、杨贵妃之事，流传尤广，妇孺能道之。此何故哉？则以白乐天《长恨歌》一诗之力居多也。乐天之歌，以平易近人为宗，其警动处则绘影传神，如闻如见，直使人自得于抑议言思之衷懿与？盖诗中有画者与！于是千余载以来，音乐家谱为曲，戏剧家编为剧，而艺术家则又绘为画。描写歌意，无微不至，丹青所播，流传尤为广远。顾自唐以后，关于长恨歌之画，如赐浴、密誓之类，所闻所见，已复不少，而绘成歌之全篇者，则未之前闻。

十六年夏，余任中央大学校长，友人李君毅士襄同游学英国，以名画家蜚声于异域，至是乃应聘为艺术教授。以迄于今，余以两易职务，而李君任教逾五载矣。今夏，偶诣其斋，则见其所绘长恨歌画意三十帧。余因反复玩读，忽而山，忽而水，忽而宫闱，忽而锋镝，忽而人马奔腾，忽而万籁岑寂，忽而极人生之欢虞，忽而极世间之悲苦，按歌索画，了如指掌。李君画，依歌之次第，或二句为一帧，或四句为一帧，或六句为一帧，绘影传神，历历在目，几疑置此身于开元、天宝间，为之惊愕者不止。询以须若干时而蒇事？曰：二载有余，平均计算约三月而得一帧，其专精概可想见。

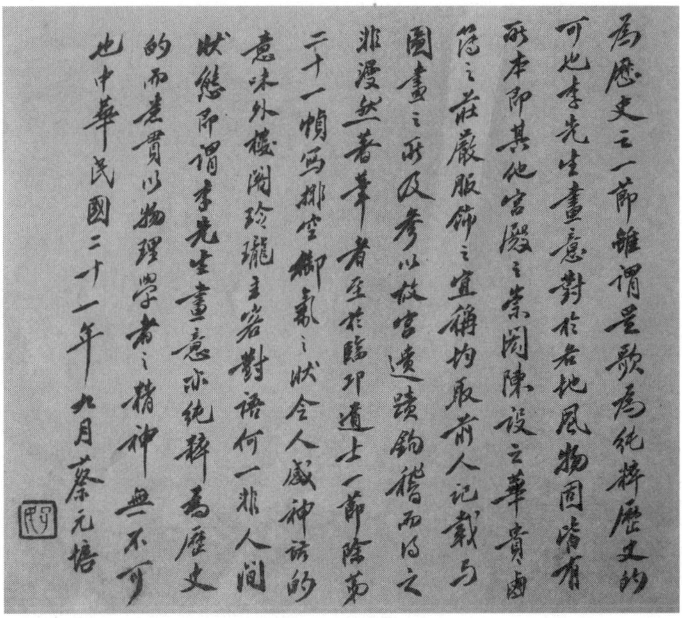
為歷史之一節雖謂是歌為純粹歷史的可也李先生畫意對於名地風物固皆有所本即其他宮殿之崇閎陳設之華貴鹵簿之莊嚴服飾之宜稱均取前人記載與圖畫之所及參以故宮遺蹟鉤稽而得之非漫然著筆者至於臨邛道士一節除第二十一幀寫排空馭氣之狀令人感神話的意味外樓閣玲瓏主客對語何一非人間狀態即謂李先生畫意亦純粹為歷史的而是貫以物理學者之精神無不可也中華民國二十一年九月蔡元培

蔡元培序李毅士《长恨歌画意》之二

夫中国画重在写意，西洋之画重在写真。李君游学英国十余载，初习绘事，继学物理，科学、艺术两兼其长。对于自然界之种种现象彻底了解。返国以后，又十余载，研究国画不遗余力，于国画之所谓笔法气韵，复一一心领而神会。故披览各帧，不特晨昼暮晚之光线，宫殿楼阁之配景，在以科学方法出之。而精神之所表现，别有在含毫邈然之内者。是则写真而兼写意，夐乎为不可及也。

李君自谓描写歌意，重表情略事实，服装、建筑当随意匠，未泥于考古者之所为，因名曰“画意”，游戏之作，不欲示人。余与中大同事亟请其付印问世也，因付中华书局制版而印行焉。

余维乐天歌诗，千古绝调，其绘影传神之妙，诗中不啻有画。今李君以精湛之艺术，复举乐天诗中之意，一一搜扶而著之，缣楮之上，既使乐天复起而自绘之，亦何以逾此？遥遥千余载，李君之画与乐天之诗相表里，而惚合于无间。读诗如读画，读画如读诗，如闻其声，如见其形，如目击玄宗、贵妃当日情事，更以近世印刷术之进步，惟妙惟肖，如觏真本

沈迈士赠张乃燕（1947年）

行，见其流传之愈广且远也。

李君徵序于余，余因乐而书之。

中华民国二十一年九月”

张乃燕绘《大气磅礴》(1944年)

蔡元培先生也很赞赏李毅士的画，也为之作序：

“李毅士先生物理学者也，力学之余，兼竺喜绘事，仍以物理学者之精神赴之，实事求是，一笔不苟。长恨歌画意三十帧，尤其积年惨淡经营之结晶也。故事画本，有历史的、神话的两种，前者宜按切时地，而后者可以自由。白香山之长恨歌前七十四句，除‘杨家有女’两句为尊者讳，稍参曲笔外，余皆根据事实，纯为历史的。临邛道士以下，乃为神话的，然此为宫中一种慰籍上皇之作用。大抵贵妃曾以私语密告其亲信之宫人，而钗钿即为所保管，于不得已时，利用道士编造仙山楼阁一幕，以杀上皇之哀思耳。而此等经过亦即为历史之一节。虽谓是歌，为纯粹历史的可也。

李先生画意对于各地风物固皆有所本，即其他宫殿之崇闳，陈设之华贵，卤簿之庄严，服饰之宜称，均取前人记载与图

张悲发画虎赠张乃燕（1948年）

书之所及，参以故宫遗迹，钩稽而得之，非漫然著笔者。至于临邛道士一节，除第二十一帧写排空御气之状，令人感神话的意味外，楼阁玲珑，主客对语，何一非人间状态？即谓李先生画意，亦纯粹为历史的，而悉贯以物理学者之精神，无不可也。

中华民国二十一年九月”

现在看看李毅士先生这部七十多年前的画集，真是一部难得的珍品。不仅仅是李先生画技精湛，先是深深宫苑、美人美酒、仕女如云，顷刻间变得战马奔腾、刀光剑影、天上人间……而且书中的“配料”相当高端——除了张乃燕的长序和于右任的题辞，民国的四位元老级人物，有三位都被他感动了，纷纷挥毫为之助威——吴稚晖为之题签，蔡元培为之作序，张静江则为之把白居易的《长恨歌》全部书写一遍，略加按语，附在他的画页之后。张静江难得有长篇大论留在人间，世间流传者，无外乎对联、扇面和题签，像这样一连十二张纸的“张体”巨制，实在非常难得。有此“前呼后拥，左右保驾”，《长恨歌画意》更加身价不凡了。(11)

光在家里关起门来画画，味道自然是不够的。张乃燕不是那种闭关自守的人，相反，他非常海派，非常开放，他理应就会加入海派画坛的大合唱！从他的那本《名家集册》册页上就可看出，他在书画界的人脉非常之广，尽管目前看到的已经是十年浩劫之余的残册，然而册中仍保留了溥儒、萧逊、张聿光、樊浩森、叶曼叔、房毅、朱梅村、俞子才、李秋君、谢佩珍、王康乐等丹青好手的墨痕，足以说明张乃燕在艺术上天高地广的包容之心。

这期间他加入了在中国美术史上很有影响的中国画会。这个画会1931年创办于上海，前身是1929年成立的蜜蜂画社，由叶恭绰、钱瘦铁、郑午昌、孙雪泥、贺天健等人发起，是当时国内唯一的一个向政府立案的美术社团。该社以“发扬中国艺术，增进国际艺术地位”为宗旨，是全国性的美术家组织，编印《国画月刊》，会员有三百余人，徐悲鸿、齐白石、黄宾虹、张大千等均是该会的会员。张乃燕和商笙伯等还在其中担任常务监事。

1947年，张乃燕又完成了一个壮举——用英文写了一部中国历史题材的电影剧本《唐玄宗与杨贵妃》（他的外甥帮他打字）。写完之后，正好他的大女儿张泽玹要到美国留学，于是他叫女儿带上了他的剧本，关照她送到美国好莱坞，请他们

张天恃贺张乃燕六十大寿（1953年）

“千龄会”在魏廷荣家的榕园合影

拍电影。据说张泽玹还是真的送过去了，但是电影公司没有接受，说了不少好话，但是觉得成本太高，光是中国古代的服装制作就不知要花多少钱。可惜的是，剧本也没有返回上海。这出原本要洋人来扮演的中国戏，就只能夭折了。(12)

这一年，对于张乃燕来说，还有一件值得纪念的事情，就是他在中国画会举办了他第一次，也是唯一的一次画展，得到了广泛的好评。此时距他退休已有十二年了，亦算是对他艺术生涯的一个总结吧。

1953年，张乃燕过六十岁生日时，在家里大摆宴席，来了很多客人，他很高兴，喝了不少酒。

在他生命的最后几年，中国发生了许多前所未有的事情。张乃燕没有去台湾，也没有去美国，他留在上海，也经历了三反五反、抗美援朝、公私合营、整风反右、社会主义改造等运动。自然，这一切或许他早已有所预见，已经见怪不怪了，因为他一生都在关注国际大势，苏联的情况是他热心关注的内容之一，何况，五十年代的中国正是全国一切照搬苏联经验的年代，他明白中国会有怎样的政策。他没有去台湾，但也没有与新中国的官方机构发生什么联系，仍旧像抗战时期一样，在静观中生活，在静观周围的一切。所以，三反五反也好，整风反右也好，他都顺利通过，没有他的麻烦。

到了1958年夏天，静观中的老夫子突然脑溢血，不幸离开了人间，享年仅六十四岁。

想必老夫子临终有一件事情还是无法想通的——大炼钢铁中，人们硬是跑来他家，把他家临街的大铁门给卸了去，化成了铁水！

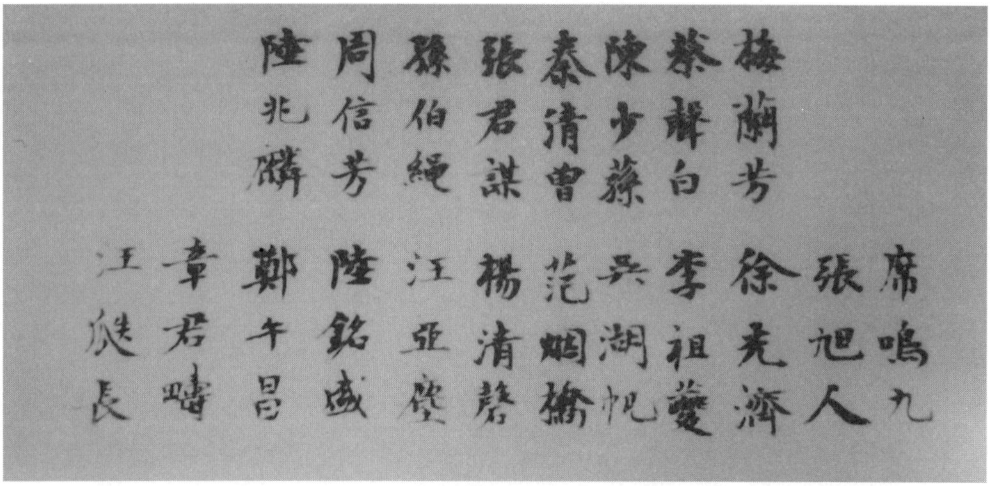

千龄会名单

注释：
（1）见张泽琳档案（上海市虹口区教育局档案室）
（2）《我的外交官生涯——凌其翰回忆录凌其翰 中国文史出版社 1993年
（3）同上
（4）《南浔镇志》朱倍得主编 上海科技文献出版社出版 1995年
（5）《南浔志稿》（卷二：人物）（稿本 存华东师范大学图书馆）周子美
（6）《使西历聘纪详》（手稿 第一章）张乃燕 1937年
（7）《吴昌硕年表》浙江文化信息网
（8）清心赏印 道法自然——吴昌硕“道法自然”印往事叙旧 胡西林 中国宝藏网 2007年
（9）同上
（10）宋路霞、张文嘉2008年7月29日访问张乃燕的表弟刘欣万先生
（11）《长恨歌画意》李毅士 中华书局 1932年
（12）宋路霞、张文嘉2008年春天访问张泽琦先生

第10章

谁与论是非

延安西路399号传奇

一张保存了八年的支票

张乃燕在家族生活中有一个大功劳，就是为两个小妹妹张乃庄和张乃怡挑选了两位好夫婿。他曾得意地对人说："我两个大妹妹出嫁，都是老太爷作主，找的都是大少爷，不好。两个小妹妹是我作的主，都是有学问的，做事做得不错。"

所谓两个小妹妹的好夫婿，一个是张乃庄的丈夫乐文照（1896－1979）；一个是张乃怡的丈夫赵曾珏（1901－2001）。乐文照是美国哈佛大学医学院博士、著名的内科医生，曾任上海红十字会第一医院副院长、内科主任、上海中美医院内科主任、医务主任、中华医学会上海分会理事、内科学

20世纪50年代张家全家福

老年张乃燕

会理事长，解放后任上海第一人民医院内科主任，还是上海市卫生局顾问、上海市第二、三、四、五届政协委员，被誉为上海最好的内科医生之一。

张乃怡的丈夫赵曾珏（真觉）交大毕业后留学英国、德国和美国，是哈佛大学电信专业的硕士，回国后长期担任浙江省电话局局长，抗战胜利从重庆返沪后任上海公用事业局局长，解放前夕去美国，被爱迪生延聘为系统工程师，又任纽约哥伦比亚大学河畔电子研究所资深研究员，开发雷达技术，直至退休。他是旅美华人中工程师的老前辈，活了一百岁，二十世纪九十年代江泽民同志访问美国时，还在旧金山会见过他。

张乃庄、乐文照夫妇一直生活在国内。当初张乃燕当中央大学校长时，按计划要办几个学院，其中医学院准备办在上海，因为上海医学界的实力雄厚，又有原先的基础。那时乐文照才三十岁出头，美国哈佛大学医学院毕业后，先在北京协和医院当住院医师，后在上海圣约翰大学医学院任教授。当他看到各地像样的医学院都是外国人办的，中国人自己没有一所正轨的医学院时，就萌发了创办一所中国人自己的医学院的想法，并联络了几位知名医生联合向南京政府写信，提出申请。当时张乃燕正在江苏教育厅厅长位子上，乐文照的信正好落在他的手里，于是“天降大任于斯人也”，张乃燕就抓住他，请他主持筹备创办上海医学院。

学校准备工作就绪之后，张乃燕见其不仅医术好，而且很会团结人，工作上一丝不苟，而且性格脾气好，工作能力也很强，就有意让他出任医学院院长。可是乐文照觉得自己资历太浅，在国内尚没有很高威望，就建议请颜福庆先生（颜惠庆先生之弟）来担任。时值颜福庆刚刚接到北京协和医院的聘任书，已签约一年，不能马上来上任，上海医学院院长的担子，实际上只能由乐文照挑起来了，同时他还兼任了该院内科系主任及红十字会第一医院副院长。

在沪工作期间，乐文照曾碰到一件奇怪的事情。一般病人的家属或是亲戚朋友托人找到医生，总是要求医生千方百计把病人的病治好，宁可额外多付报酬。可是有一天来了几个人，声称有什么来头的，他们神秘兮兮地把乐文照拉到一边，掏出一大把钱，要求他把某某病室的病人“治”死。乐文照心头一惊，感到事情严重，就回答他们说：“我为病人看病，只会把病人治好，不会把病人治坏的！我没有这个本事，你们另请高手吧！”后来他听人传说，那个病号是上海中共地下党的领导同志。乐文照担心出事故，特别关照医护人员加强值班，不许陌生人靠近病人，直到那位病人出院。类似的事情发生过好几次，乐文照都巧妙地应付过去了，受他保护的究竟是些什么人，他并不知道。直到 1949 年 5 月底上海解放几天后，中共上海地下党组织的于伶同志，带着几个穿军装的同志来到他家道谢，他才知道，被他保护的病人中的确有中共地下党的负责同志。

抗战前夕，颜福庆在国外募捐了一笔钱，要为上海医学院建附属医院（既现在的中山医院）。工程收尾时抗战爆发了，颜福庆到内地去了，上海的工作由乐文照继续负责。可是工程结算下来仍缺十余万元，颜福庆临走留下一张八万元的中央银行支票，关照其能结算多少就先结算多少，差额部分只好战

张乃燕的六个孩子
小时候在自家花园

少女时代的张乃庄
与张乃端（右）

后回来再补了。太平洋战争爆发后，中央银行已撤走，手里拿着中央银行的支票不仅无法兑现，而且是件非常危险的事情，一旦被日本人发现就有通重庆方面之嫌疑而遭到迫害。乐文照夫妇坚信胜利终究会到来的，于是由张乃庄小心地把支票藏了起来，除了丈夫谁也不知道藏的地方。抗战胜利后颜福庆回到上海，张乃庄夫妇找出了这张保存了八年的支票，郑重地物归原主。而且告诉他，医院工程所欠款项，已经在抗战八年中，从医院门诊收入中付清了，请放心吧。

可是正当医学院师生振奋精神，准备战后复兴时，国民党的“肃奸”扩大化开始了，到处抓伪学生、伪职员、伪医生，以重庆来的医生替换了留在沦陷区的医生。乐文照此时也受到了排挤，愤而离开了自己亲手创办的医学院和医院，到上海市第一医院（解放后叫第一人民医院）去了。

中西合璧的大家庭

张乃燕的家在延安西路399号，是座漂亮的花园洋房。房子楼高三层，黄墙黛瓦，英国派头，九百三十三平方米，花园占地五亩，有花房和草木之胜，1931年4月20日建成入住，在这之前他们住在武定路鸿庆里。延安西路399号在静安区挺有名气，1998年延安路高架建设施工，政府动员居民们配合工程要拆迁时，他家的房子是静安区最大的私人动迁房。

张乃燕不光会读书、会写书、会工作，还是个很有家族责任心的一家之长。他有两个姑母，是他祖父张宝善的继室生的，是他父亲最小的两个妹妹，一个叫张珍宝（1920年生），一个叫张佩铭（1922年生），她们的父亲张宝善去世时她们才五六岁。不知道什么原因，她们后来都没有嫁人，就在她们的几个哥哥家轮流住，生活上也由哥哥们照应。张乃燕的父亲张弁群是她们的大哥，理应要更多地负些责任。可是，在最小的姑姑张佩铭出生的那一年，张乃燕的父亲张弁群去世了，于是张乃燕就代替父亲尽责任，把两个姑姑接来家里。论年龄，她们比张乃燕要小二十来岁，论辈分，她们却都是长辈。所以，住在延安西路399号里的人，其中有三个是张乃燕的长辈，除了这两个姑姑，还有他的老母亲蒋汝芝。(1)

蒋汝芝是南浔“四象”之首刘镛的亲外孙女，与刘承幹是

张家延安西路399号住宅（现已拆）

优秀教师张泽琳

表兄妹，行二，所以刘欣万先生称之二姑妈。她的哥哥蒋汝藻（号梦蘋）跟刘家一样，也是著名的藏书家，不过蒋家的读书传统和藏书传统比刘家还要久远，她的父亲蒋锡绅（字书箴）和哥哥蒋汝藻都是光绪年间的举人，而她的祖父、叔祖一辈的藏书活动在道光、咸丰年间就已经挺有名气了。到了蒋汝藻手里，所藏宋板书已达八十八部，元版本竟达一百零五部。王国维先生曾为之编撰《传书堂藏书志》(2)。蒋汝芝受家风之熏陶，在家常年的功课就是吃斋看书。她生有一儿四女，儿子就是张乃燕，女儿除了张乃庄和张乃怡，还有张乃端（嫁谢家）和张乃瑚。这位老太太是个有福气的老人家，与南浔“四象八牛”的血缘比任何人都密切——自己是蒋家的小姐，母亲是刘家的小姐（刘镛的女儿），儿媳妇是邢家的小姐，自己又是张家的儿媳妇，全都在南浔富商“四象八牛”的圈圈里。她比她的丈夫和儿子都长寿得多，活到1962年，享年八十七岁。

张乃燕的妻子邢景陶（1895－1976）也是他们南浔人，是南浔“八牛”之首邢家的后代，父亲叫邢颂声，她是邢家的二小姐，弟弟叫邢景丞。旧式家族都讲究豪门联姻，张家也不能例外，邢家是与张家联姻最多的一个大家族。两家之间起码有这样几门亲家——除了张乃燕的夫人邢景陶是邢家小姐；张家南号的张乃熊（芹伯）的元配夫人邢景禄也是邢家小姐（是邢家大小姐，她的妹妹嫁南浔顾家的顾联承。顾联承即上海百乐门舞厅的老板）；张家南号的张乃骅的夫人也是邢家小姐名邢定（原名邢定文）；南号张石铭的二女儿（早逝）的婆家也是邢家；张石铭的元配夫人徐咸安的妹妹嫁的也是南浔邢家（住静安寺附近的庙弄）；张石铭之孙张南琛的舅公钱泰的夫人邢蕊芬还是邢家小姐，与张乃燕的夫人邢景陶是堂房姐妹。张乃骅不幸去世后，他的夫人邢定过继了一个女儿张微，张微的生母还是邢家的小姐，名邢珊文。

邢家跟张家一样，也是南浔丝业大户，在做缉里丝生意方面，资格一点也不比张家差。他家祖上从清初就开始经营蚕丝了，开设的邢正茂丝行是南浔镇最早的丝行之一，故有八代丝业世家之称。

邢家老太爷邢赓星在世的时候，曾经与南浔小莲庄的刘家老太爷刘镛合资到上海做生意，邢赓星去世后两家析产，邢家得现金二百万。不过邢家的

（上）张泽琳、翁国华新婚，与翁母合影
（下）张泽琳、翁国华新婚，与张母合影

祖先早年非常艰苦，在1757－1842年上海开埠之前，即所谓实行公行（十三行）制度时期，对外贸易被严格限制在广州一个口岸，南浔丝商就得驾船至广州，最初是经公行转卖，后来才得以直接与洋行进行贸易。其长途跋涉、艰苦备至不说，还要被公行盘剥和控制。上海开埠以后可以直接从上海出口了，大大简便了贸易过程，生意就更加红火。邢赓星老太爷去世后，邢家后人鉴于从事丝业有风险，就改变了投资方向，转向典当业和房地产业等领域了，在上海、杭州、苏州等地置办了很多产业。

邢家的典当生意一度做得很大，据记载，邢家丝业致富

张泽琳、翁国华新婚与家人合影

张泽琳东吴大学法学院毕业合影

后在南浔、海宁、太仓、上海、海盐、平湖及苏北若干城镇开设典当达三十余家，平均每年每个当铺的利润为二万元，是南浔富商中开设典当最多的一家。邢赓星的儿子邢墭是上海典当业中的重要人物（注3）。据《邢氏恒盛典流水簿统计》一书记载，邢家的恒盛典当铺仅1936年6月至1937年5月一年中的生意，就有六万零九百零九人次典当衣物，计十六万二千九百十六元。其中生意最多的一天是1937年2月8日，有四百七十九人次，计一千三百七十九元。典当的期限以十八个月为期，月息二分，其中一分为典当开支，另一分就是利润了，利息远远高出银行利息（注4）。这个典当铺的流动资金有十万元。如果以邢家平均每个典当铺有十万元流动资金的话，那么邢家仅在典当业上就有三百万元的流动资金（民国年间张静江集资建江南铁路也不过三百万元），所以邢家被号为“八牛”之首，不愧是南浔最大的一条“牛”。

邢家的后代中有一个邢鼎丞，是民国年间的知名实业家，在金融界和纺织界有一定影响。他在杭州西湖边的北山路建造了一栋非常漂亮的“抱青别墅”（就在张静江的葛岭别墅的山下，西湖博览会展览馆的隔壁），如今被列为杭州市的历史保护建筑。南浔富商在西湖边的别墅几乎都建在北山路上，坐北朝南，推窗见湖。除了张静江家的葛岭5号、邢家的抱青别墅，还有刘家的坚匏别墅、孤云草舍等，这些建筑如今都还在，都被列为保护建筑。湖滨路上当年还有刘家三房的小方壶斋，可惜后来被拆掉了，旧址上建造了杭州最豪华的大酒店：君悦大酒店。即便拿现在超现代的眼光来看“抱青别墅”，也绝不落伍的，很能说明这个金粉世家的“腔调”。

邢家跟张家的姻亲挺多，但要说两家在生意上有过什么合作，倒也不见得。对张家的生意起过重要作用的亲家，主要是庞家和周家。

张家跟所有的豪门望族一样，家里佣人很多，较早的佣人1907年就来张乃燕家了，后来就在张家养老。这种主仆关系，讲出来可能年轻人不相信，可是年纪大的人明白，这些老

张泽琳与同学数十年后在香港见面

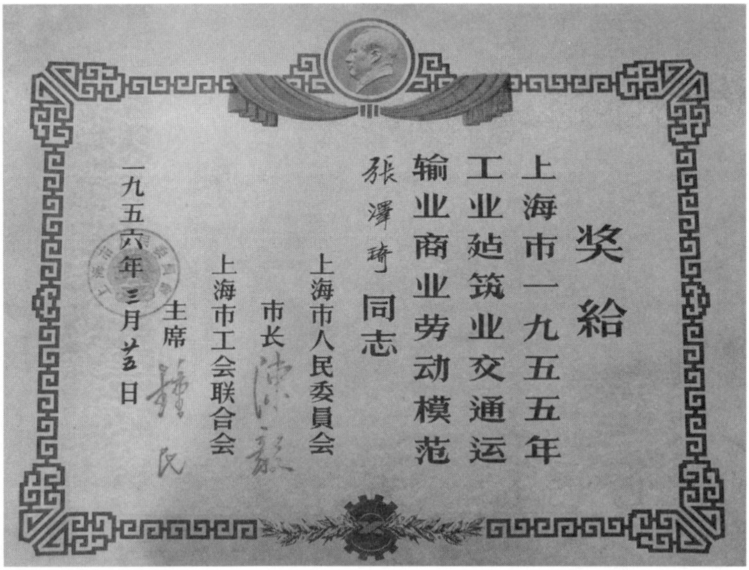
奖給
上海市一九五五年
工业建筑业交通运
输业商业劳动模范
張澤琦同志
上海市人民委員会
市长 陳毅
上海市工会联合会
主席 鍾民
一九五六年三月廿日

张泽琦的奖状

佣人的户口都是在张家的。静安区静安寺派出所的户口登记簿上，明明白白写着张家一大串佣人的名字，这可是白纸黑字的官方记录。据张家人后人说，那时家里的确也是需要这么多佣人的。比如说，张乃燕、邢景陶夫妇有六个孩子，那就用得着六个保姆，有的孩子小时候还需要奶妈，那就更多一个人服侍；张乃燕的母亲蒋汝芝年纪大了需要两个保姆照顾；张乃燕的妻子邢景陶从娘家带来的丫环，几十年一直在张家服务，一直到邢景陶“文革”中去世为止。另外，张乃燕本人也需要跟班和司机；还有那么大的花园，就需要花匠打理；一家人家那么多人，也就需要裁缝和理发师；孩子到了入学的年龄，要认字、习字，家里就得请家庭教师；大小厨房有两个，厨房里有粗工、细工、采买，以及中餐师傅、西餐师傅，数数又是一群人……

自然，到后来，佣人就越来越少了，到了十年浩劫期间，几乎所有的佣人都被“革命浪潮”给赶走了，只剩下一个照顾邢景陶老太太的老佣人了，因为老太太已经中风不会动

张泽琦连续多年被
评为先进工作者

了，必须有人在身边日夜照顾。直到现在，张家人还能回忆得起某些佣人的名字，他们在很长一段时间里，几乎跟张家人像一家人了。有意思的是，后来没有了佣人，张家的日子居然也能过得下去，他们渐渐也会打理自己的家务了，而且一个个都变得坚强而勤快起来了，不知这是不是上苍给他们布置的必修课？

还有一个有意思的现象是，若干年来，张家生活的格调总是亦中亦西，中西结合。比如，他们住的是花园洋房，吃的却是南浔风味，说话也都是家乡口音，因为佣人都是从老家带出来的，所以人在大上海，却总也少不了南浔元素。张乃燕读的书也是中西兼顾，一半是古籍，一半是洋文。他那两个书房，一间全是古籍，另一间全是外文书。他的两个儿子张泽琳和张泽琦，一个读法律，一个读电机，看来与中国传统文化不搭界了，但是媳妇翁国华后来却从事文物工作，整天埋头在古董堆里。张乃燕画的是中国画，喜欢临摹董其昌，而他女儿学的是西洋画，是张充仁的学生……总之399号里的生活格调是标准的中西合璧式的，倒也很自然，很相辅相成，没有什么别扭的，这大概就是海派文化的魅力。

1944年，张乃燕的第四个孩子张泽琳十六岁生日，是年恰逢张乃燕的生母蒋汝芝七十大寿，其夫人邢景陶五十寿辰。作为一个儿子、父亲、丈夫，承上启下，中庭砥柱，张乃燕别有一番感慨，于是用心绘制了一把扇子，送给儿子作为生日礼物。那扇子一面是临董其昌的水墨山水，小中见大，尺幅天下。他那一腔舔犊之情，都挥洒在题识中："大气磅礴。元明画家，吴仲圭以苍劲胜，董思白以秀润名，所作皆大气磅礴，不媿万代圭臬。榴庭（张泽琳的字）四儿十六初度，为临思翁仿梅花道人笔，以锡秀润苍劲镕于一炉。临本如何，故置不论，至其山势挺拔，树木郁茂，自成大气磅礴之象，当为吾儿前程预卜也。甲申九月　君谋识"。另一面则是仿蓝瑛的设色花卉《蘐石长春》图，张乃燕也题了一段意味深长的款识："榴庭四儿十六初度，适逢余母七衷大寿，汝母五旬正寿。余写蘐石长春，余为余母祝，汝为汝母祝也！甲申九秋　君谋识"。一把扇子两幅画——远处的磅礴山水与眼前的蘐石长春，道及一家三代人的生日，既是对儿子的勉励，也是对老人和夫人的祝福，作为当时还处在日寇铁蹄之下的一家之长，其用心之良苦，惟有自知。

如今，张乃燕逝世已经五十多年了，现存他的遗物中，一半是他的书画作品，另一半则是他当年摆在案头的一些小洋玩意儿，有果盘式的八音盒、外国小铜人、西式台灯等等，当然，更多的东西都被"文革"中的造反派抄家抄走了。这种中西合璧式的生活，其实也是整个张氏家族的基本格调，很能说明西风东渐在上海上流社会中的自然交融。

第三代校长张泽琳

在外人看来，张家东号基本上是个革命加实业型的大家族，因为除了老太爷张颂贤的"大象"名分外，还有张静江全力资助孙中山先生的美名。但是也有例外，张弁群、张乃燕这一支就充满了学术和艺术气氛，是个学术型的大家庭。他们祖孙三代人张弁群、张乃燕、张泽琳都从事教育工作，而且都当过校长。当然学校有很大不同，张弁群办的是小学，张乃燕办的是大学，张泽琳办的是中学。张乃燕的二儿张泽琦还是位卓有贡献的超声波专家。

张泽琳是张乃燕的大儿子，1929年10月出生，中学时代在南洋模范读书，然后考入东吴大学读法律。从东吴大学毕业时已经是解放初的1950年，私人律师职业已经不时兴了，民事诉讼事物基本都由政府掌管，于是转入教育界。他先是在立信会计专科学校教数学、英文和美术，为了适应形势的需要，还去俄语广播学校进修过俄语。1952年来到澄衷中学，从普通教师，进而升为教导处副主任、教导主任、副校长、校长，直到退休。在这期间，他参加过中国数学会、上海教育学会、全国科普协会，在1956年还被评为优秀教师。粉碎“四人帮”以后，担任虹口区第六届和第七届政协委员。

翁国华、张泽琳夫妇与娘家人

上海澄衷中学是上海为数不多的百年名校之一，1900年由著名实业家叶澄衷先生出资创办，1901年著名教育家蔡元培先生出任校长，参照国外的学校体制，实行"新学"，开创了班级授课制的先河。在课程安排上，不仅有普通课程，还开设了商科班、师范班，在上海教育史上很有影响。这个学校培养的学生中，先后出了一批卓有影响的学者和社会知名人士，如胡适、竺可桢、秦瘦鸥、卢于道、袁牧之、倪征奥、李达三、葛祖兰等等，长期以来在社会上一直享有盛名。在这样一所历史名校任职，张泽琳深知自己肩上的责任，数十年来兢兢业业，埋头苦干，每天早出晚归，一刻也不敢放松。在"文革"以前，他当过几年教导主任，尽管在整风反右、四清运动等历次政治运动中，他没有成为"运动员"，基本上可以算是"两耳不闻窗外事"、"无灾无难享太平"的业务型干部，但是"文革"一来，他这个教导主任就当不成了，有一段时间还被发配到工厂里去做工。

翁国华医生

身后的花园（原本是小桥流水，文革中荡然无存）

（左）大学时代的翁国华
（右）“文革”中人人都面对严酷的现实，翁国华担子很重

其实，凡是从那个时代过来的人都明白，像张泽琳这样的出身，解放后遭遇不幸是很正常的，没遭遇什么不幸反而是侥幸的了。因为解放以后在头三十年间，干部提拔过程中无时无刻不在讲究出身和政审。张泽琳的祖上不仅有地主、资本家、旧政府的官员，还有一个国民党元老张静江，这就足以说明问题的严重性了，要想在单位里受到信任和重用，简直是不可能！张泽琳只能是谨小慎微、如履薄冰地过日子。他性格内向，不愿意多说话，也不方便多说话，无法像他的父亲那样潇洒，想说就说，想写就写，想干就干，不想干就一甩袖子，“老子不伺候了”，就可以回家画画去了。但到张泽琳的时代已经行不通了，他必须永远夹着尾巴做人，老老实实地甘当老黄牛，低头俯首、兢兢业业、忠心耿耿地干好自己的活儿。

粉碎“四人帮”以后，当实事求是的干部政策得到贯彻的时候，张泽琳就脱颖而出了。他先是恢复了教导主任的职务，很快又被提拔为副校长和校长。功夫不负苦心人，经过他的精心谋划，这所百年名校在拨乱反正时，很快焕发了时代的青春，又恢复了重点学校的地位，一度被改为“上海市第五十八中学”的校名，也被纠正过来了。学校的规模扩大了，教师队伍越来越整齐，叶澄衷先生的铜像在他和老校友们的积极运作下，冲破重重阻力，在校园里重新塑造起来……到他退休时，这所学校又恢复了当年的名望，成为上海中等教育界的一颗明珠。

他的妻子翁国华也大户人家出身，父亲是一家公司的经理，姐夫胡铭山是老上海纺织业界的知名人士。她本人1956年上海医科大学毕业后，分配在安徽蚌埠第三人民医院工作，无论是上山下乡，还是看医院门诊，都是该医院的骨干医生。在三年困难时期，由于营养不良，还要坚持拼命工作，她浮肿了，又患了颈淋巴结核，不幸病倒了，不得不住院治疗。六十年代初，经著名民主人士刘鸿生的儿子刘念贻先生介绍，与张泽琳认识了，1964年在上海结婚成家，后来回到上海，在南京西路街道医院工作。“文革”中，她和整个张氏家族一起，经历了一场惊心动魄的大风大浪。

胡铭山夫妇

大风浪中的小洋楼

张乃燕家的五亩花园，在十年浩劫到来之前，基本生活还是平静而优雅的。他们夫妇有六个孩子，三男三女。儿子中除了大儿张泽琳，二儿张泽琦，原先还有一个儿子，不幸早夭；女儿是张泽玹、张泽玢、张泽琭。他们都受过很好的教育，张泽玹中学毕业后就去美国留学了；张泽玢是上海震旦大学的毕业生；张泽琦毕业于上海交通大学电机系，是位有影响的超声波专家；张泽琭是画家，曾跟张充仁先生学画，还在军工路的朝阳画室和八仙桥青年会画室学过画。

虽然在这些年间张家也发生了一些变故，如张乃燕于1958年患脑溢血病故；他的母亲蒋汝芝于1962年病故；张乃燕的一个儿子在读中学的时候，在一次踢足球的时候不幸受伤，因伤势太重，也病故了。还有张乃燕的两个姑妈，解放以后不久，一个住到泰兴路张家的盐公堂里去了，还有一个回到了南浔老家……由于种种原因，他们的经济状况大不如以前宽裕了，不得不把花园中的附楼出租。另外，在公私合营过程中，张乃燕投资的大纶冶炼厂等企业均参加了公私合营，于是没有红利拿了，只有每个季度的些许定息……但总体上还是平静的，日子还是过得去的。但是到了1966年十年内乱，情况就完全变了。

首先遇到的是红卫兵和造反派前来抄家。来者有他家隔壁戏剧学院的红卫兵，也有上海冶炼厂的工人造反派，还有

张泽琳一家住在小楼三楼

一些来路不明的造反派，比如什么“红三司”，前后来过十多次，想拿走什么就拿走什么，想什么时候来就什么时候闯进来，也不知谁给了他们那么大的权力，张家人完全失去了保护，处于任人宰割的不堪境地。那年头造反派只要看见花园洋房，就断定是资本家的房子，就一定会闯进来抄家的。上海西区的花园洋房，无一幸免。

他家三楼有一间箱子房，堆了大约几十只箱子，基本都是张乃燕和张家祖上的遗物。由于平时没有用，也就没有人去翻弄，以至于张泽琳夫妇虽然也住在三楼，但却弄不清那些箱子里究竟是些什么东西。造反派最感兴趣的就是翻查人家家里的箱子，他们指望那一箱箱打开来全是金元宝！

但是他们在张家很快就失望了。箱子被一箱箱地打开，这时张家大儿媳翁国华才看见，家里居然真的还有这么多“四旧”！有成箱的古籍线装书，成箱的黑乎乎的碑帖，还有各式各样的青铜器、瓷器、古代书画……更令她感到惊讶的是，其中有一只箱子，里面居然全是各种各样的拐杖，中

（左）大纶冶炼厂的领息凭证，此证导致了张家“文革”中的大灾大难
（右）领息凭证内页

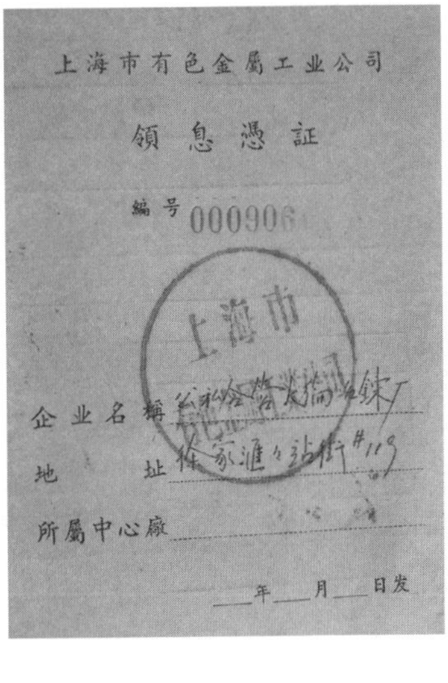
上海市有色金屬工业公司
領息憑証
編号 000906
企业名稱 [illegible]
地址 [illegible]
所屬中心廠
____年____月____日发

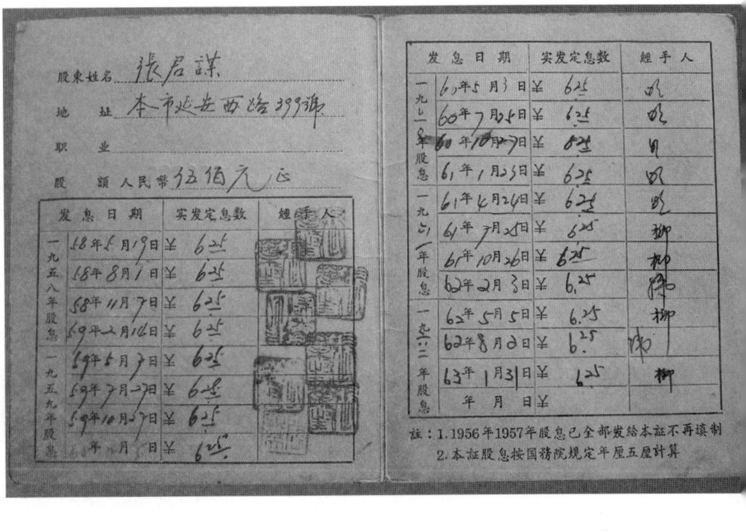
股東姓名 張君谋
地址 本市延安西路399號
职业
股額 人民幣 伍佰元正

	发息日期	实发定息数	經手人
一九五八年股息	58年5月19日	¥ 6.25	
	58年8月1日	¥ 6.25	
	58年11月7日	¥ 6.25	
	59年2月16日	¥ 6.25	
一九五九年股息	59年5月7日	¥ 6.25	
	59年7月27日	¥ 6.25	
	59年10月27日	¥ 6.25	
	年 月 日	¥ 6.25	

	发息日期	实发定息数	經手人
一九六〇年股息	60年5月13日	¥ 6.25	
	60年7月25日	¥ 6.25	
	60年10月27日	¥ 6.25	
	61年1月25日	¥ 6.25	
一九六一年股息	61年4月24日	¥ 6.25	
	61年7月28日	¥ 6.25	
	61年10月26日	¥ 6.25	
	62年2月3日	¥ 6.25	
一九六二年股息	62年5月5日	¥ 6.25	
	62年8月2日	¥ 6.25	
	63年1月31日	¥ 6.25	
	年 月 日	¥	

註：1.1956年1957年股息已全部发给本証不再填制
2.本証股息按国務院規定年度五厘計算

亞光製造股份有限公司股票

伍股

股東 張君謀

資本總額 國幣貳拾伍萬元

股份總數 貳仟伍佰股

每股銀數 國幣壹佰元

設立登記 民國廿年十一月五日

增資登記 民國廿四年九月十三日

計國幣伍佰圓整

董事

董事

董事

董事

董事

中華民國廿五年九月一日發給

No. 568

张文嘉保存的
张家老股票

式的、西式的，镀金的，镀银的，有的上面还刻了精美的花纹，或是哪位名人的刻字。最后，不仅是这些箱子，造反派把他们的日常衣物、用品也搜刮走了。

再后来，造反派就来抢占他们的房子。开始是当作一个造反派组织的什么司令部，后来就在里面办起了一家绣品工厂。张家人有的被扫地出门，有的则被赶到厨房里住。此时张乃燕的夫人邢景陶老人已经中风，就跟大儿子一家住在楼下的厨房里。

张乃燕的二儿子张泽琦是教授级的高级工程师，1930年生，1950年上海交大电机系毕业，历任上海无线电22厂、上海超声波仪器厂技术科科长、技术厂长、总工程师，还曾多次被评为上海市和电子工业部的劳动模范、先进工作者、模范标兵（1956年获上海市先进生产者的奖状，由市长陈毅和市总工会主席钟民共同签发）。可是到了“文革”中，一切科研成果和荣誉称号一夜间都变成了罪状。戏剧学院一个二十一岁的

“司令”霸占了他的住房，他一家被赶到华山医院太平间隔壁的一间房子里，在那个房子里，一住就是八年。

当时，张乃燕的妹妹张乃怡、妹夫赵曾珏还有不少东西寄存在他们家，因为他们1949年去美国时东西太多，一时带不走，包括一辆轿车。这些东西就都留在哥哥张乃燕家，自然，也统统成了造反派的“战利品”。

直到粉碎“四人帮”以后，张家人才又回到了他们的399号，尽管花园里的小桥流水不见了，花房也不见了，早就变成了“深挖洞、广积粮”时期的防空洞了。自然，房子要回来也不是那么容易的，这个历史性的“回归”有个非常惊险的过程，充满了悬念和智斗，绝对不是未经历“文革”的后来人所能够想象的。

粉碎“四人帮”以后，在新时代到来的时候，张家又发生了很多变化。一部分人出国奋斗，寻找新的自我和出路。最具代表性的是张泽琳的夫人翁国华，她在四十五岁的时候毅然闯荡美利坚。尽管她有过硬的上海医科大学的本科学历，还有那么多年的临床经验，但是到了美国，这全是不管用的，一切必须从头开始，于是她不得不改行。数年后，她出人意料

儿童张文嘉

地成了一家古董商行的经理，每天出入纽约曼哈顿的几家世界级的大拍卖行，经手的都是令人咂舌的天价之宝。凭着上海知识女性的机智、执着和悟性，她在这个古董圈子里突飞猛进，逐渐练得目光如炬，同行们不得不对她刮目相看。现在，她已经是老法师了，每天过眼无数古物，她在这个行当里如鱼得水。

还有一部分人仍在国内，重新回到了自己原先的业务岗位，最有代表性的是张泽琦。他继续超声波领域的科研工作，不断有新的发明创造，在1978年、1979年连续被评为上海市劳动模范、先进工作者，1979年被评为电子工业部的模范标兵，还获得了二项全国科学大会奖章。其中一项是海洋石油钻探井口超声波定位仪，被列入国家重大科技成果汇编。他1990年

“文革”后一次大家庭聚会

张乃庄、乐文照夫妇

退休了，而实际上是退而不休的，不断有科研单位和应用单位来聘请他当技术顾问。2000年开始，他协助交通大学某公司研制的高能超声聚焦（HIFU）治疗肿瘤的工作系统，目前已经投入临床应用，开拓了这一领域的新天地。

张乃燕书画作品的最后归宿

十年浩劫中，张乃燕的画件和朋友赠送的字画，不可避免地遭到厄运。造反派几次三番进门抄家，以至于弄得家徒四壁，没能留下任何有价值的艺术品，甚至生活用品也被劫走很多。多年以后，艺术市场开始活跃，张家后人居然从拍卖市场上，发现了一些张乃燕的作品。那些字画他们都似曾相识，而且上面都被标好了号码，尽管标得很不正规，据说那是“文革”中文物仓库的统一编码，这正说明是“文革”中从他们家抄走的旧物。

好在老天长眼，让张乃燕有了一个非常有责任心的孙子张文嘉（1966年生，张泽琳之子）。从2002年起，他与妻子赵洁十分关注艺术品拍卖市场的动向，经常把各家艺术品拍卖公司的目录找来研究，一旦发现有其祖父或是张家其他各房老人的书画墨宝，就设法竞拍下来。

2005年3月，张文嘉偶然发现，即将举办的中国嘉德四季拍卖会参拍目录中，有一本由庞元济题签、张乃燕的《临古山水人物》册页。出于对祖辈的怀念和传承家族历史的责任，张文嘉立马飞往北京，以一万六千五百元的价格收归囊中。

同年九月，北京嘉德艺术品拍卖会又要开拍了。这次的拍品目录上，又出现了祖父张乃燕的作品，也是一本册页，名为《摹古花鸟》。张文嘉毫不含糊，与妻子赵洁毅然北上，决心拍下收回张家。但是这次却碰到一个前来较劲的对手，那个陌生的买家不知什么来头，频频举牌，竞争渐趋激烈，四万元、五万元、六万元……很快就突破了张文嘉原先的心理价位，他想算了吧，太贵了，这个价格已经出格了。但是他妻子赵洁不同意罢休，好不容易碰到一次祖父的手迹，就应当果断拍下来，这种机会都是稍纵即逝的，一旦错过，说不定再也见不到了，因此决意继续与之角逐。他再次举起了手中的牌号，最终以六万五千元的高价，夺下了这件祖父的遗泽。

张文嘉幸福的一家

此后，张文嘉一发而不可收，几年间在拍卖场上连续出击，不仅

（上）张泽玹（前居中）“文革”后回国探亲
（下）赵曾珏（前居中）“文革”后回国探亲

他祖父的作品，见到他们南浔张家不论东号、南号，凡是有价值的物件一律照收不误。先后得手的有：溥儒赠张静江的《寒水芙蓉》轴；张静江书法、林琴南绘画的扇子；张葱玉的行书扇面；张乃燕《仿董其昌山水》册、《临董思翁书画》册；郑振铎为张葱玉编印的《蕴辉斋藏唐宋以来名画集》；张静江赠陈立夫行书立轴；汪精卫致张静江书札；吴湖帆、赵叔孺赠张乃燕秦权全形拓片、邓石如印蜕成扇；张静江、张乃燕等行书四屏。

林林总总，辛辛苦苦，数年下来，已经积累不少，有中轴，有册页，也有扇面和文房四宝。有他祖父写的、画的，

赵曾珏夫妇与张乃庄（右）

有别人写给他祖父的，还有他曾叔公张静江的书画和扇子。他硬是靠自己的力量，把散落在外的书画墨宝一件一件地再买回来的。

张乃燕夫子假如地下有知，也该欣慰了。

张乃燕寿陈定山（1946年）

张乃燕贺陈定山五十大寿
（1946年）

注释：
（1）：上海市静安区华山路警署户籍资料
（2）：《近代藏书三十家》苏精 传记文学出版社（台湾）1983年
（3）：《南浔镇志》朱倍得主编 上海科学技术文献出版社 1995年
（4）：《南浔文献新志纪余》（油印本）朱从亮 2000年

附录一
张 乃 燕 生 平

1894年	张乃燕（字君谋），生于浙江湖州南浔尊德堂，早年在南浔正蒙学塾读书，中学时代就读杭州府中学堂、后在苏州东吴大学肄业。
1912年	加入中国国民党。
1913年	赴欧洲留学，先后在英国伯明罕大学、伦敦皇家理工大学、瑞士日内瓦大学研习化学。
1919年	获日内瓦大学硕士学位、理学博士学位，同年年底回国。
1920年	任复旦大学、北京大学、国立高等师范学校、国立工业专门学校化学教授。
1923年	当选浙江省教育会会长，同时兼任浙江省立工业专门学校化学教授。
1924年	5月任广州大本营参议。
1925年	孙中山先生赴北京，北上任孙中山先生顾问。
	孙中山先生逝世后，南返，任上海光华大学教授，教授科学史。
1926年	广州国民政府成立，任广州国民政府参事、教育行政委员会委员，同年任国立中山大学工科学长。

1927年	4月，任江苏省政府委员兼教育厅厅长；
	7月，任国立中央大学校长。
1929年至1930年	两次兼任浙江省县长考试典试委员。
1931年	调任浙江省政府委员，同年当选为国民会议代表。
1932年	1月，调任建设委员会副委员长。
1933年	5月，出任驻比利时王国特命全权公使。
1935年	5月辞职回国，不再出仕。
1937年	抗日战争中隐居上海，学画山水。
1947年	在上海中国画院举办个人画展。
1958年	在上海延安西路399号寓所逝世，享年64岁。
著作有：《世界大战全史》、《罗马史》、《希腊史》、《世界大战史》(合著)、《使西历聘纪详》(手稿本6册)、《有机染料学》、《欧战中之军用化学》、《药用有机砒化物》等，辑有《安心室印集》印谱。	

附录二
张乃燕家庭成员

曾祖父：张颂贤（字竹斋）1817－1892	
祖父：张宝善（字定甫）1856－1926	
父亲：张增熙（字弁群）1875－1922 母亲：蒋汝芝 1875－1962	
张乃燕：（字君谋）1894－1958 妻子：邢景陶1895－1976	
长子：张泽璟 1925（属鼠）－1947	
次子：张泽琳1929－1996 媳：翁国华1935－	孙：张文嘉1966－ 孙媳：赵洁 曾孙：张谟骏2007－
三子：张泽琦1930－ 媳：周人熙1929－	孙：张宏嘉1955－ 孙媳：朱珊敏1962－ 曾孙女：张锦芸2002－
长女：张泽珐1923－ 女婿：姚世楷	外孙：Johnny
次女：张泽玢1927－ 女婿：袁光有	外孙女：袁丽 外孙：袁敏
三女：张泽琭1932－ 女婿：孙以勉	外孙：孙大伟

附录三
《使西历聘纪详》目录

张乃燕

第一册：

第一章 奉使以前

一、　十九世纪之末先父环游世界一周

二、　留学时代之国际经验

三、　自返国至奉使

第二章 西赴途中菲律宾 印度 埃及等国之一瞥

四、　（缺）

五、　香港与九龙

六、　菲律宾群岛之花花絮絮

七、　马尼拉之鸟瞰

八、　英人控制马来亚之经过

九、　新加坡与军港

十、　锡兰岛小史

十一、哥伦布素描

十二、纵叙印度

十三、横叙印度

十四、孟买之游并访泰果尔（泰戈尔）

十五、苏彝士（苏伊士）运河溯前

十六、埃及上下六千年

十七、新太阳城与旧太阳城

十八、开罗之游并吊金字塔

十九、夜游萨伊特埠

二十、勃林第西之散步

二十一、威尼斯登陆

二十二、巴黎十日

第三章 赴比利时莅任并参加要典

二十三、公使馆接事

二十四、向比王亚尔培一世呈递国书并亲见比后爱黎莎白（伊丽莎白）

二十五、晋谒王储来和保王妃阿斯脱里

二十六、记王宫大舞会

二十七、循例拜访比京要人

二十八、比王亚尔培一世晏驾

二十九、参加亚尔培一世举殡典礼

三十、　参加来和保三世登极典礼

三十一、参加觐见新王典礼

第二册：

第四章

三十二、南行聘意大利与圣玛丽渃与梵蒂冈

三十三、米兰之殷实

三十四、威尼斯与海湖

三十五、山巅共和国一览

三十六、佛洛伦斯美术之富

三十七、万寿城罗马

三十八、记与黑衫相对话（见墨索里尼）

三十九、罗马城中之宗教城国

四十、　记晋谒罗马教教宗比阿十一世（梵蒂冈）

四十一、那波利与火山

第三册：

第五章

四十二、古希腊与今希腊

四十三、雅典之古迹

四十四、及普西民族考

第四册

第六章　再东聘土耳其

四十五、建都于君士但丁堡之前后的两大帝国

四十六、伊斯丹堡即君士但丁堡

四十七、希腊教与罗马教分裂之经过

四十八、晋谒希腊教教长福锡阿斯二世

四十九、安喀拉新都之观感

五十、　访问土外交部长刘希兜培

五十一、访问土总理伊斯美巴沙

第七章 北上历聘保加利亚、南斯拉夫、罗马尼亚三国

五十一、保加利亚小史

五十二、保京苏斐亚

五十三、南斯拉夫小史

五十四、南京贝沃格勒

五十五、罗马尼亚小史

五十六、罗京蒲古雷斯蒂

第五册：

第八章 自罗马尼亚西聘匈牙利

五十七、由匈奴说及匈牙利

五十八、多瑙河之后布达佩斯

五十九、匈牙利民族之研究

第十章、自捷克斯洛伐克南聘奥地利

第六册：

第十一章 由奥地利北上聘德意志

（访问德国各大城市的游记和考证）

后 记

张乃燕这个名字于我原本并不陌生，他是民国元老张静江的侄子，南京中央大学的首任校长，还当过一任中国驻比利时公使。几年前我在撰写《张静江、张石铭家族》时就有他一章，标题是：教育家、外交家、书画家张乃燕。

但是，那时候对他老人家的了解还是非常有限的，主要因为第一手资料不足。他在南浔张家东号尊德堂中是长房长孙，而与我常有联系的张乃乾先生是他们一支中最小的孙子，年龄与之相差四十年，谈起当年的这位老大哥自然语焉不详。他的妹妹张乃庄女士（上海滩顶级的内科专家乐文照先生的夫人）倒是见过一面，可惜那时她已经年近百岁，一口标准的南浔家乡话，嗓音虽清亮，但非常难懂，所讲的内容对我来说大半云里雾里，自然是浪费了不少。当我指望第二次上门时，得到的消息却是，老人在一百岁生日之后，已经安然仙去……

那时想得挺简单，既然张乃燕创办了中央大学，同时还主持了多年地方教育事业，那冠他一个教育家就是了。有关这方面的情况，南京大学出版社出版的校史中提供了很多材料，不会有错。至于书画家，他的孙子张文嘉处有不少他的画件，《中国美术年鉴》上也有记载，自然也不会有错。但是关于他的外交生涯以及其他方面的情况，尤其对他的性格特征，真的是心里空空，毫无把握的。

自然，《张静江、张石铭家族》一书出版后，张乃燕的孙子张文嘉先生感到不甚满足，认为书中把他的祖父“淡化”了些，没有写出他的真实面目，甚至提出，请我执笔专写一本《张乃燕传》，因为2008年是他祖父张乃燕逝世五十周年。这年头真正的孝子贤孙并不很多，有感于张文嘉的一番孝心，几次开诚布公的谈话之后，我开始尝试着寻找新的材料。

直到现在我还在纳闷，真的不晓得是什么原因，一旦我认真起来的时候，运气也就跟着来了——张乃燕的原始资料一下子“蹦”出来许多，这令我顿时心跳加快——他有一部长达三十万字的手稿《使西历聘纪详》（六册），静静地躺在上海图书馆的古籍书库里；他父亲张弁群的故事，载入了一个著名的传教士柏乐文的六十寿庆纪念册，里面甚至还附有他父亲张弁群的一篇文章，这大概是老人家存世的唯一一篇文章。这本纪念册存放在苏州大学第一附属医院的档案室里（该院办公室主任和档案室工作人员极其热情，任你全部拍照，任你全部复印，鼓励你充分利用他们的资料，不收取分文资料费。

还有，美国的胡大年先生撰写的《爱因斯坦在中国》一书的中文版由上海科技教育出版社出版了。胡先生在序言里告诉我们一个过去一直被搞错的事实：1922年11月爱因斯坦夫妇来沪时，其中一位参与接待者，不是大名鼎鼎的张君劢，而是如今已经鲜为人知的张君谋（即张乃燕），且有当时的合影照片为证。另外，从二十世纪二十年代的《申报》上，也发现了大量有关张乃燕在中央大学当校长时的演讲、资料和其他信息。

一页一页地翻阅着这些七十多年前乃至一百多年前的资料，一步一步地追寻张乃燕那个时代留下的足迹，心灵就一寸一寸地被占领，被颠覆，被清洗。我相信任何一个只要亲眼目睹过这些资料的人，都会享有这种心境。写书的过程，有时就是客观的发现和主观的升华的过程，是一种愚塞和圣明对话的过程，有一种不可理喻的愉悦。

记得《档案春秋》杂志的副主编陆其国同志对我说过几句很有意味的话："知道民国时期的知识分子会做事，但没想到他们做过这么多事！知道现在一些知识分子无耻，但没想到他们会这么无耻！"这时，那种不可理喻的愉悦，就大大超越了自我愉悦的范畴。电脑显示屏上的文字，渐渐显得凝重起来，甚至有了些使命感。

值得注意的是张乃燕数十年间对于战争问题的研究。他是一个化学博士，在留学期间亲身经历了第一次世界大战，从此"胸怀世界，放眼全球"，不仅写出了与他的化学专业有关的《欧战中的军用化学》等著作，还写出了《世界大战史》、《世界大战全史》、《罗马史》、《希腊史》等"份儿外"的史学巨著。他在《使西历聘纪详》中记录他对德国克虏伯公司的考察过程，尤其令人拍案叫绝——他变着法儿的打探人家的实情，他在那时就已经预见到新的世界大战将会爆发，战争的罪魁祸首就是希特勒，并且预见到一旦新的世界大战爆发，波兰将是首先被蹂躏的一个国家！

《使西历聘纪详》这部书稿完成于1937年，原准备拿去出版，字号和图片都标好了，终因抗战爆发而未能出版。我突然忽发奇想，假如张乃燕的这部手稿当时能及时出版，假如西方人士及时地看到了这部书，假如他对西方形势和世界大战的预言得到了人们的重视……那将会是怎样的一种局面呢？当然，历史是不能假设的，历史似乎也是一种令人遗憾的艺术。

我就是在这种一惊一乍的发现中，完成了对张乃燕这样一个有丰富经历的民国知识分子的探索历程。我感慨良多，民国时代是一个多么丰富多彩的时代，民国人物又是些多么复杂多棱的人物，我们的研究工作，真的还差得远呢！

感谢所有帮助过我的朋友！

权当跋文。

宋路霞

2008年12月7日